使える！伝わ

韓国語
フレーズブック

アイケーブリッジ外語学院

幡野泉／南嘉英／柳志英

新星出版社

はじめに

　韓国人のお友達はいますか？　あるいはこれから作りたいと思いますか？　韓国人と友達になったら、どんなひとことが必要になるだろう、どんな会話を交わすだろう、そしてどんなふうに言ったら喜んでもらえるだろう……、そんなふうに想像を巡らせながらフレーズを選びました。

　「あいさつ」「自己紹介」「旅行」「ショッピング」「コンサート・ファンミ」「メール・ネット」など、さまざまなシチュエーションごとのフレーズを挙げていますが、この本には、韓国人がよく使い、使われて嬉しいフレーズ「よい一日を（お過ごしください）」、韓流スターに気持ちを伝えるフレーズ「これからの活動も楽しみにしています」、流行のSNS関連のフレーズ「友達申請しますね」「相互フォローしましょう」などのような、知っておきたいリアルなフレーズをたくさん掲載しています。

　韓国語はもっともカジュアルなパンマル（友達言葉）から丁寧語まで幅広い表現を持ちます。そのため、メインのフレーズはパンマルでも、解説部分に敬語を載せたり、反対にメインのフレーズが敬語でかつパンマルも必要になりそうな場合は、解説にパンマルを載せたりと工夫しています。ぜひ、解説部分も参考にし、自分と相手の距離にぴったりのフレーズを見つけていただければと思います。

　また、フレーズのカタカナルビは、「より自然に聞こえる」ことに配慮したものになっています。例えば、「좋은 아침！（おはよ

う！）」のルビは、「チョウン　アチム」でなく「チョウ　ナチム」
と書いてあります。ルビを読んで使う場合はカタカナを一字一字区
切るような読み方ではなく、最初から最後まで一気にスラスラッと
読むように心がけてください（もっとも、ルビに頼らないのがベス
トです！）。また、韓国語は基本的に疑問文ではイントネーション
が上がりますが、ルビには「？」が付いていませんので、ルビを読
んで使う場合は、語尾のイントネーションを上げることに注意して
ください。付属の音声を聞いていただければ、イントネーションや
ニュアンスがわかりやすいと思います。

　付属の音声には、「ゆっくり言った場合」と「感情を込めて速く
言った場合（ネイティブスピード）」の２種類の速さの韓国語を収
録しました。ゆっくり言ったときと、スラスラッと言ったときの違
い、変化の面白さをぜひ感じ取ってください。そして、ネイティブ
スピードのイキイキとした感じや、リアル感を身につけていただけ
れば幸いです。

　「相手の母国語で語りかけることの威力」はとてつもないもので
す。ぜひこの本を手にした皆さんが、韓国との堂々たる民間大使と
なることを願っています。

　最後に、この本の制作に携わってくださったナレーター、スタッ
フなど、すべての皆さまにお礼申し上げます。

　　　　　　　著者を代表して　アイケーブリッジ外語学院　幡野　泉

本書の特長と使い方

　本書は、韓国ドラマ、K-POP、グルメ、旅行などで韓国に興味をもった方のための、リアルなフレーズ集です。旅行先で使えるフレーズから、憧れのスターにいつか言ってみたいフレーズまで、幅広いジャンルのフレーズを集めました。

章の中を細かく分類しています。目次から言いたいことを探すときに使います。

音声のトラック番号です。

フレーズには、カタカナが付いています。発音は話す速度によって変わりますので、実際の音は音声を聞いて確かめましょう。

感想を伝える　　　　　　　　♪ 5-05

17 **정말 즐거웠어요.**
本当に楽しかったです。

「정말 재밌었어요. チョンマル チェミッソッソヨ (すごくおもしろかったです)」もほぼ同じ意味で使われます。パンマルは「즐거웠어. チュルゴウォッソ (楽しかった)」「재밌었어, チェミッソッソ (おもしろかった)」。

18 **최고였어요.**
最高でした。

前に「노래 ノレ (歌)」「춤 チュム (ダンス)」「의상 ウィサン (衣装)」などを付けてもOK。オーバーに「레전드, 의상이었요. レジェンドゥ イオッソヨ (レジェンド (伝説的) ですね)」と言ってもいいでしょう。

19 **노래 진짜 좋았어요.**
歌がすごくよかったです。

曲がよいとき、歌唱力が素晴らしかったときの両方に使えます。「노래 ノレ (歌)」の代わりに「춤 チュム (ダンス)」「연기 ヨンギ (演技)」「무대 ムデ (舞台)」「콘서트 コンソトゥ (コンサート)」などを入れて言ってもいいでしょう。

20 **너무 멋진 콘서트였어요.**
すごく素敵なコンサートでした。

ファンミーティングやコンサート終了後、とてもよかったと言いたいときに使うフレーズ。関連「너무 멋진 팬미팅이었요. ノム モッチン ペンミティンイオッソヨ (すごく素敵なファンミーティングでした)」

126 　コンサート・ファンミ

♪ 5-06

21 **이번 공연 광장 대박이데요.**
今回の公演、すごくよかったですね。

「대박 テバク」は、「たくさん売れる」「大入り」という意味の俗語です。物がよく売れる、客の入りがすごい、という意味から発展し、何かが非常によかったり、逆に、思いがけずショックを受けたりした場合にも使われるようになりました。

22 **태경 역이 아주 잘 어울려요.**
テギョンはハマり役でしたね。

直訳は「テギョン役がよく似合います」「어울려요. オウリョヨ」は「似合う」という意味で、役柄だけでなく、喜ぶなども使います。関連「그 머리 아주 잘 어울려요. ク モリ アジュ チャル オウリョヨ (そのヘアスタイルすごくお似合いです)」

23 **오늘 의상 진짜 멋지네요.**
今日の衣装すごく素敵ですね。

衣装のほか、「춤 チュム (踊り)」「연출 ヨンチュル (演出)」などについても言えます。また、男性の行動などに対して素敵だと思ったとき、「저 남자 멋지다. チョ ナムジャ モッチダ (あの男の人素敵)」などと、ひとり言のようにも使います。

> **column**
>
> **「떼창 (ッテチャン)」で、高揚感と一体感を味わう**
>
> K-POPなどのコンサートに行くと、歌手に合わせてファンが一緒に歌うことがありますが、これは韓国語で「떼창 ッテチャン」と呼ばれています。「群れ、集団」という意味の「떼 ッテ」と漢字語「唱」の「창 チャン」の合成語です。何千人というファンの合唱は舞台上の歌手を熱狂し感動させますし、ファンにとっても高揚感や一体感を得ることができますが、この「떼창」の声が大きすぎて「歌が聞こえなくなる」という不満もありますが、韓国では好ましい文化として根付いています。

127

フレーズを使う場面や注意事項、関連フレーズなどの解説です。

韓国文化や若者言葉、便利な表現など、さまざまなコラムが入っています。

各章の始めに、その章に載っているフレーズの一部をイラストで紹介しています。

まとめ会話では、その章で紹介したフレーズを中心に会話をしています。

音声の特長と使い方

本書のメインフレーズと「まとめ会話」の韓国語は、聞き取りやすいゆっくりとしたスピードで読んだものと、ネイティブが普段話すスピードで感情を込めて読んだものの2タイプを収録しています。読むスピードによって発音が変わることがあるので、慣れたら気にしてみるのもよいでしょう。

https://www.shin-sei.co.jp/Korean_Phrasebook/

※本音声は、PC/iOS/Android端末でご利用いただけます。
※一部機種によっては再生できない場合があります。
※上記サービスの内容は予告なく変更・終了する場合がございます。
　あらかじめご了承ください。

ゆっくりで
聞き取りや
すい！

1回目

感情が込め
られていて
リアル！

2回目

使える！伝わる！役に立つ！
韓国語フレーズブック

第1章
「日常会話」

第2章
「自己表現・感情表現」

第3章
「旅行・観光」

第8章

「メール・ネット」

◆ column

■スタッフ

ナレーション	金 景太（キム キョンテ）
	李 恩周（イ ウンジュ）
	シン ウィス
	金 信英（キム シニョン）
	青木邦枝（あおき くにえ）
音声制作協力	メディアスタイリスト
編集・本文デザイン	株式会社エディポック
イラスト	ユタカナ
	(asterisk-agency)

プロローグ

（ **1** ｜ ハングルについて ）

　ハングルは母音と子音の組み合わせで成り立ち、その構造はローマ字に似ています。子音と母音を横に並べるパターンと、縦に並べるパターンがあります。その下に、子音が加わる形もあり、その下についた子音を「パッチム」と呼びます。「パッチム」とは「下敷き」という意味です。

＜母音＞
基本母音（10個）：ㅏ, ㅑ, ㅓ, ㅕ, ㅗ, ㅛ, ㅜ, ㅠ, ㅡ, ㅣ
合成母音（11個）：ㅐ, ㅒ, ㅔ, ㅖ, ㅘ, ㅙ, ㅚ, ㅝ, ㅞ, ㅟ, ㅢ

＜子音＞
平音（10個）：ㄱ, ㄴ, ㄷ, ㄹ, ㅁ, ㅂ, ㅅ, ㅇ, ㅈ, ㅎ
激音（4個）：ㅋ, ㅌ, ㅍ, ㅊ
濃音（5個）：ㄲ, ㄸ, ㅃ, ㅆ, ㅉ

① 左右に並ぶ

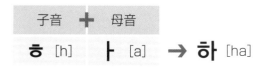

子音の右にくる母音：ㅏ, ㅐ, ㅑ, ㅒ, ㅓ, ㅔ, ㅕ, ㅖ, ㅣ

② 上下に並ぶ

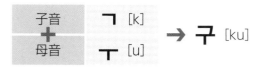

子音の下にくる母音：ㅗ, ㅛ, ㅜ, ㅠ, ㅡ

③ ❶の下に子音（パッチム）がくる

子音	母音
ㅎ [h]	ㅏ [a]
ㄴ [n]	
子音	

→ 한 [han]

④ ❷の下に子音（パッチム）がくる

子音	ㄱ [k]
母音	ㅜ [u]
子音	ㄱ [k]

→ 국 [kuk]

⑤ パッチムが2つのもの（二重パッチム）

子音	母音
ㄱ [k]	ㅏ [a]
ㅄ [p]	
子音	子音

→ 값 [kap]

二重パッチムの種類：ㄲ, ㅆ, ㄳ, ㄵ, ㄶ, ㄺ, ㄻ,
　　　　　　　　　　ㄼ, ㄽ, ㄾ, ㄿ, ㅀ, ㅄ

2 韓国語の文末表現の特徴

1 ニダ体

「-니다」で終わる表現は日本語の「〜です」「〜ます」に当たります。かしこまった表現で、もっとも丁寧に話したい場面で使います。疑問文は「-니까？（〜ですか？）」になります。

例）
좋아합니다. （好きです）
チョ ア ハム ニ ダ

좋아합니까？ （好きですか？）
チョ ア ハム ニ ッカ

2 ヨ体

「-요」で終わる表現も日本語の「〜です」の意味ですが、「-니다」よりやわらかい丁寧語です。文末のイントネーションを上げるだけで疑問文になります。

例）
좋아해요. （好きです）
チョ ア ヘ ヨ

좋아해요？ （好きですか？）

3 パンマル

いわゆるタメ口で、兄弟姉妹、友達、年下の人などに使います。ヨ体から「요」を取るとパンマルになることが多いです。疑問文は最後のイントネーションを上げます。

例）
좋아해. （好きだよ）
チョ ア ヘ

좋아해？ （好き？）

3 | 韓国語の発音ルール

　パッチムの発音方法、韓国語の音変化など、韓国語の発音ルールを見てみましょう。

① パッチムの発音法

　すべての子音がパッチムになり得ますが、その発音は本来の発音と異なるものもあり、「ㄱ，ㄴ，ㄷ，ㄹ，ㅁ，ㅂ，ㅇ」のグループに分けられます。

パッチム	発音	発音法	例
ㄱ ㅋ ㄲ	ㄱ [k]	「さっか」の「か」を言わず止めてみます。舌の付け根で喉の奥をふさぐ感じです。音は出ません。	가족 [가족] (カジョク／家族) 부엌 [부억] (プオク／台所) 밖 [박] (パク／外)
ㄴ	ㄴ [n]	「かんだ」の「だ」を言わず、止めたままにします。「んー」と鼻音が出ます。舌は上の歯茎に付いています。	눈 [눈] (ヌン／目、雪)
ㄷ ㅌ ㅅ ㅆ ㅈ ㅊ ㅎ	ㄷ [t]	「いった」の「た」を言わずに止めてみます。音は出ません。	닫다 [닫따] (タッタ／閉じる) 밭 [받] (パッ／畑) 벗다 [벋따] (ポッタ／脱ぐ) 있다 [읻따] (イッタ／ある) 낮 [낟] (ナッ／昼間) 쫓다 [쫃따] (チョッタ／追う) 히읗 [히읃] (ヒウッ／ハングルのㅎ)
ㄹ	ㄹ [l]	「さる」を「salu」と言わず「sal」と、舌の先を上の歯茎にそっと付けたままにします。	불 [불] (プル／火)
ㅁ	ㅁ [m]	「こんま」の「ま」を言わず、止めたままにします。「んー」と鼻音が出ます。口は閉じています。	몸 [몸] (モム／体)
ㅂ ㅍ	ㅂ [p]	「やっぱり」の「ぱ」を言わず、止めたままにします。口は閉じています。音は出ません。	밥 [밥] (パプ／ご飯) 잎 [입] (イプ／葉)
ㅇ	ㅇ [ng]	「にんき」の「き」を言わず、止めたままにします。「んー」と鼻音が出ます。口は開いています。	방 [방] (パン／部屋) 영어 [영어] (ヨンオ／英語)

2 二重パッチムの発音法

「ᆪ, ᆬ, ᆭ, ᆲ, ᆳ, ᆴ, ᆹ」は左側の子音を発音します。(ᆪ [ㄱ], ᆬ [ㄴ], ᆭ [ㄴ], ᆲ [ㄹ], ᆳ [ㄹ], ᆴ [ㄹ], ᆹ [ㅂ])

「ᆰ, ᆱ, ᆵ」は右側の子音を発音します。(ᆰ [ㄱ], ᆱ [ㅁ], ᆵ [ㅂ])

また、二重パッチムの後ろに母音がくる場合は2つのパッチムを両方発音します。

通常の発音	後ろに母音がくる場合
넓다 [널따] (ノルタ/広い)	넓어요 [널버요] (ノルボヨ/広いです)
없다 [업따] (オプタ/ない)	없어요 [업서요] (オプソヨ/ありません)
앉다 [안따] (アンタ/座る)	앉아요 [안자요] (アンジャヨ/座ります)
읽다 [익따] (イクタ/読む)	읽어요 [일거요] (イルゴヨ/読みます)

3 有声音化

「ㄱ」「ㄷ」「ㅂ」「ㅈ」は、語中では濁った音になります。

가구 (kagu/カグ/家具) **바다** (pada/パダ/海)

가방 (kabang/カバン/鞄) **사자** (saja/サジャ/ライオン)

4 連音化

パッチムの後ろに「ㅇ」で始まる文字がくると、パッチムの音が「ㅇ」の部分に入り込んで発音されます。

먹어요 → [머거요] (モゴヨ/食べます)

일본 사람이에요 → [일본 사라미에요]
(イルボン サラミエヨ/日本人です)

할인 → [하린] (ハリン/割引)

5 鼻音化

パッチム「ㄱ」「ㄷ」「ㅂ」は、後ろに「ㄴ」や「ㅁ」がくると鼻音化して、それぞれ「ㅇ」「ㄴ」「ㅁ」の音になります。

박물관 → **[방물관]** (パンムルグァン／博物館)

갑니다 → **[감니다]** (カムニダ／行きます)

십만 → **[심만]** (シンマン／10万)

また、パッチム「ㄱ」「ㅁ」「ㅂ」「ㅇ」の後ろに「ㄹ」がくると、「ㄹ」は「ㄴ」の音になり、パッチムの「ㄱ」は「ㅇ」の音に、「ㅂ」は「ㅁ」の音になります。

종로 → **[종노]** (チョンノ／鍾路)

독립문 → **[동님문]** (トンニンムン／独立門)

입력 → **[임녁]** (イムニョク／入力)

6 流音化

パッチムと、次にくる子音との組み合わせが「ㄴ」と「ㄹ」の場合、どちらも「ㄹ」で発音されます。

연락 → **[열락]** (ヨルラク／連絡)

설날 → **[설랄]** (ソルラル／元旦〈旧正月〉)

7 激音化

「ㄱ」「ㄷ」「ㅂ」「ㅈ」は、「ㅎ」の前や後ろでは激音化し、それぞれ「ㅋ」「ㅌ」「ㅍ」「ㅊ」と発音されます。

입학 → [이팍] （イパク／入学）

생각하다 → [생가카다] （センガカダ／考える）

놓다 → [노타] （ノタ／置く）

그렇죠 → [그러초] （クロチョ／そうですね）

8 濃音化

パッチム「ㄱ」「ㄷ」「ㅂ」の後ろに続く「ㄱ」「ㄷ」「ㅂ」「ㅅ」「ㅈ」は濃音化し、それぞれ「ㄲ」「ㄸ」「ㅃ」「ㅆ」「ㅉ」と発音されます。

먹다 → [먹따] （モクタ／食べる）

숟가락 → [숟까락] （スッカラク／スプーン）

압구정 → [압꾸정] （アプクジョン／狎鷗亭）

잡지 → [잡찌] （チャプチ／雑誌）

4 | 数字や時間を表す韓国語

韓国語の数字には、「いち」「に」「さん」と数える漢数詞と、「ひとつ」「ふたつ」「みっつ」と数える固有数詞があります。

1 漢数詞

年月日、電話番号、値段などで用います。

1 일 イル	2 이 イ	3 삼 サム	4 사 サ	5 오 オ
6 육 ユク	7 칠 チル	8 팔 パル	9 구 ク	10 십 シプ
11 십일 シ ビル	12 십이 シ ビ	13 십삼 シプ サム	14 십사 シプ サ	15 십오 シ ポ
16 십육 シュム ニュク	17 십칠 シッ チル	18 십팔 シプ バル	19 십구 シプ ク	20 이십 イ シプ
30 삼십 サム シプ	40 사십 サ シプ	50 오십 オ シプ	60 육십 ユク シプ	70 칠십 チル シプ
80 팔십 パル シプ	90 구십 ク シプ	100 백 ベク	1,000 천 チョン	10,000 만 マン

例) 삼 월 이십이 일（3月22日）　삼만 육천 원（36,000ウォン）
サ ムォル イ シ ビ イル　　　　　サンマン ニュクチョ ヌォン

2 固有数詞

ものの数を数えるときに用います。1つ～4つと20は、単位がつくと（　）内の表記、発音になります。99まで固有数詞で数えられます。

1つ 하나 (한) ハナ ハン	2つ 둘 (두) トゥル トゥ	3つ 셋 (세) セッ セ	4つ 넷 (네) ネッ ネ	5つ 다섯 タ ソッ
6つ 여섯 ヨ ソッ	7つ 일곱 イル ゴプ	8つ 여덟 ヨ ドル	9つ 아홉 ア ホプ	10 열 ヨル
11 열하나 ヨ ラ ナ	12 열둘 ヨル トゥル	13 열셋 ヨル セッ	14 열넷 ヨル レッ	15 열다섯 ヨル タ ソッ
16 열여섯 ヨル リョ ソッ	17 열일곱 ヨ リル ゴプ	18 열여덟 ヨル リョ ドル	19 열아홉 ヨ ラ ホプ	20 스물 (스무) ス ムル ス ム
30 서른 ソ ルン	40 마흔 マ フン	50 쉰 スィン	60 예순 イェ スン	70 일흔 イ ルン
80 여든 ヨ ドゥン	90 아흔 ア フン	100 백 ベク	※100からは漢数詞を使う	

例) 가방 두 개（かばん2つ）　스물세 살（23歳）
カ バン トゥ ゲ　　　　　　　ス ムル セ サル

❸ 年月日、時間など、時の表し方

●年月日の表し方

2024年4月15日

<u>イ チョ ニ シッ サ ニョン</u>　　　サ　ウォル　　　シ ボ イル
<u>이천이십사</u> 년 (年) **사 월** (月) **십오 일** (日)

➡ 数字の部分にはすべて漢数詞がきます。

●時間の表し方

8時25分

ヨ ドゥル　シ　　　　イ シ ボ ブン
여덟 시 (時) **이십오 분** (分)

➡ 時間の部分には固有数詞が、分の部分には漢数詞がきます。

●時に関する単語

日曜日 **일요일** イリョイル	月曜日 **월요일** ウォリョイル	火曜日 **화요일** ファヨイル	水曜日 **수요일** スヨイル
木曜日 **목요일** モギョイル	金曜日 **금요일** クミョイル	土曜日 **토요일** トヨイル	

- -

一昨年 **재작년** チェジャンニョン　　昨年、去年 **작년** チャンニョン　　今年 **올해** オ レ

来年 **내년** ネニョン　　　　　　再来年 **내후년** ネ フ ニョン

- -

先月 **지난달** チ ナン ダル　　今月 **이번 달** イ ボン タル　　来月 **다음 달** タ ウム タル

- -

先週 **지난주** チ ナン ジュ　　今週 **이번 주** イ ボン チュ　　来週 **다음 주** タ ウム チュ

- -

一昨日 **그제, 그저께** ク ジェ ク ジョッケ　　昨日 **어제, 어저께** オ ジェ オ ジョッケ

今日 **오늘** オ ヌル　　明日 **내일** ネ イル　　明後日 **모레** モ レ

- -

午前 **오전** オ ジョン　　午後 **오후** オ フ

- -

明け方 **새벽** セ ビョク　　朝 **아침** ア チム　　昼（12時～1時）**점심** チョム シム

昼間 **낮** ナッ　　夕方 **저녁** チョニョク　　夜 **밤** バム　　深夜 **심야** シ ミャ

＜ハングル反切表－その１＞

基本子音、激音、濃音に、基本母音を組み合わせたときの一覧です。

	ㅏ ア	ㅑ ヤ	ㅓ オ	ㅕ ヨ	ㅗ オ	ㅛ ヨ	ㅜ ウ	ㅠ ユ	ㅡ ウ	ㅣ イ
ㄱ k	가 カ	갸 キャ	거 コ	겨 キョ	고 コ	교 キョ	구 ク	규 キュ	그 ク	기 キ
ㄴ n	나 ナ	냐 ニャ	너 ノ	녀 ニョ	노 ノ	뇨 ニョ	누 ヌ	뉴 ニュ	느 ヌ	니 ニ
ㄷ t	다 タ	댜 テャ	더 ト	뎌 トョ	도 ト	됴 トョ	두 トゥ	듀 トュ	드 トゥ	디 ティ
ㄹ l, r	라 ラ	랴 リャ	러 ロ	려 リョ	로 ロ	료 リョ	루 ル	류 リュ	르 ル	리 リ
ㅁ m	마 マ	먀 ミャ	머 モ	며 ミョ	모 モ	묘 ミョ	무 ム	뮤 ミュ	므 ム	미 ミ
ㅂ p	바 バ	뱌 ピャ	버 ボ	벼 ピョ	보 ボ	뵤 ピョ	부 ブ	뷰 ピュ	브 ブ	비 ビ
ㅅ s	사 サ	샤 シャ	서 ソ	셔 ショ	소 ソ	쇼 ショ	수 ス	슈 シュ	스 ス	시 シ
ㅇ 無音/ng	아 ア	야 ヤ	어 オ	여 ヨ	오 オ	요 ヨ	우 ウ	유 ユ	으 ウ	이 イ
ㅈ j	자 チャ	쟈 チャ	저 チョ	져 チョ	조 チョ	죠 チョ	주 チュ	쥬 チュ	즈 チュ	지 チ
ㅊ ch	차 チャ	챠 チャ	처 チョ	쳐 チョ	초 チョ	쵸 チョ	추 チュ	츄 チュ	츠 チュ	치 チ
ㅋ k	카 カ	캬 キャ	커 コ	켜 キョ	코 コ	쿄 キョ	쿠 ク	큐 キュ	크 ク	키 キ
ㅌ t	타 タ	탸 テャ	터 ト	텨 トョ	토 ト	툐 トョ	투 トゥ	튜 トュ	트 トゥ	티 ティ
ㅍ p	파 バ	퍄 ピャ	퍼 ボ	펴 ピョ	포 ボ	표 ピョ	푸 ブ	퓨 ピュ	프 ブ	피 ビ
ㅎ h	하 ハ	햐 ヒャ	허 ホ	혀 ヒョ	호 ホ	효 ヒョ	후 フ	휴 ヒュ	흐 フ	히 ヒ
ㄲ kk	까 ッカ	꺄 ッキャ	꺼 ッコ	껴 ッキョ	꼬 ッコ	꾜 ッキョ	꾸 ック	뀨 ッキュ	끄 ック	끼 ッキ
ㄸ tt	따 ッタ	땨 ッテャ	떠 ット	뗘 ットョ	또 ット	뚀 ットョ	뚜 ットゥ	뜌 ットュ	뜨 ットゥ	띠 ッティ
ㅃ pp	빠 ッバ	뺘 ッピャ	뻐 ッボ	뼈 ッピョ	뽀 ッボ	뾰 ッピョ	뿌 ッブ	쀼 ッピュ	쁘 ッブ	삐 ッビ
ㅆ ss	싸 ッサ	쌰 ッシャ	써 ッソ	쎠 ッショ	쏘 ッソ	쑈 ッショ	쑤 ッス	쓔 ッシュ	쓰 ッス	씨 ッシ
ㅉ jj	짜 ッチャ	쨔 ッチャ	쩌 ッチョ	쪄 ッチョ	쪼 ッチョ	쬬 ッチョ	쭈 ッチュ	쮸 ッチュ	쯔 ッチュ	찌 ッチ

＜ハングル反切表－その２＞

基本子音、激音、濃音に、合成母音を組み合わせたときの一覧です。

	ㅐ エ	ㅒ イェ	ㅔ エ	ㅖ イェ	ㅘ ワ	ㅙ ウェ	ㅚ ウェ	ㅝ ウォ	ㅞ ウェ	ㅟ ウィ	ㅢ ウィ
ㄱ k	개 ケ	걔 ケ	게 ケ	계 ケ	과 クァ	괘 クェ	괴 クェ	궈 クォ	궤 クェ	귀 クィ	긔 キ
ㄴ n	내 ネ	냬 ネ	네 ネ	녜 ネ	놔 ヌァ	놰 ヌェ	뇌 ヌェ	눠 ヌォ	눼 ヌェ	뉘 ヌィ	늬 ニ
ㄷ t	대 テ	댸 テ	데 テ	뎨 テ	돠 トゥア	돼 トゥェ	되 トゥェ	둬 トゥォ	뒈 トゥェ	뒤 トゥィ	듸 ティ
ㄹ l, r	래 レ	럐 レ	레 レ	례 レ	롸 ルァ	뢔 ルェ	뢰 ルェ	뤄 ルォ	뤠 ルェ	뤼 ルィ	릐 リ
ㅁ m	매 メ	먜 メ	메 メ	몌 メ	뫄 ムァ	뫠 ムェ	뫼 ムェ	뭐 ムォ	뭬 ムェ	뮈 ムィ	믜 ミ
ㅂ p	배 ペ	뱨 ペ	베 ペ	볘 ペ	봐 プァ	봬 プェ	뵈 プェ	붜 プォ	붸 プェ	뷔 プィ	븨 ピ
ㅅ s	새 セ	섀 セ	세 セ	셰 セ	솨 スァ	쇄 スェ	쇠 スェ	숴 スォ	쉐 スェ	쉬 スィ	싀 シ
ㅇ 無音/ng	애 エ	얘 イェ	에 エ	예 イェ	와 ワ	왜 ウェ	외 ウェ	워 ウォ	웨 ウェ	위 ウィ	의 ウィ
ㅈ j	재 チェ	쟤 チェ	제 チェ	졔 チェ	좌 チュア	좨 チュエ	죄 チュエ	줘 チュォ	줴 チュエ	쥐 チュィ	즤 チ
ㅊ ch	채 チェ	챼 チェ	체 チェ	쳬 チェ	촤 チュア	쵀 チュエ	최 チュエ	춰 チュォ	췌 チュエ	취 チュィ	츼 チ
ㅋ k	캐 ケ	컈 ケ	케 ケ	켸 ケ	콰 クァ	쾌 クェ	쾨 クェ	쿼 クォ	퀘 クェ	퀴 クィ	킈 キ
ㅌ t	태 テ	턔 テ	테 テ	톄 テ	톼 トゥア	퇘 トゥェ	퇴 トゥェ	퉈 トゥォ	퉤 トゥェ	튀 トゥィ	틔 ティ
ㅍ p	패 ペ	퍠 ペ	페 ペ	폐 ペ	퐈 プァ	퐤 プェ	푀 プェ	풔 プォ	풰 プェ	퓌 プィ	픠 ピ
ㅎ h	해 ヘ	햬 ヘ	헤 ヘ	혜 ヘ	화 ファ	홰 フェ	회 フェ	훠 フォ	훼 フェ	휘 フィ	희 ヒ
ㄲ kk	깨 ッケ	꺠 ッケ	께 ッケ	꼐 ッケ	꽈 ックァ	꽤 ックェ	꾀 ックェ	꿔 ックォ	꿰 ックェ	뀌 ックィ	끠 ッキ
ㄸ tt	때 ッテ	떄 ッテ	떼 ッテ	뗴 ッテ	똬 ットゥア	뙈 ットゥェ	뙤 ットゥェ	뚸 ットゥォ	뛔 ットゥェ	뛰 ットゥィ	띄 ッティ
ㅃ pp	빼 ッペ	뺴 ッペ	뻬 ッペ	뼤 ッペ	뽜 ップァ	뽸 ップェ	뾔 ップェ	뿨 ップォ	뿸 ップェ	쀠 ップィ	쁴 ッピ
ㅆ ss	쌔 ッセ	썌 ッセ	쎄 ッセ	쎼 ッセ	쏴 ッスァ	쐐 ッスェ	쐬 ッスェ	쒀 ッスォ	쒜 ッスェ	쒸 ッスィ	씌 ッシ
ㅉ jj	째 ッチェ	쨰 ッチェ	쩨 ッチェ	쪠 ッチェ	쫘 ッチュア	쫴 ッチュエ	쬐 ッチュエ	쭤 ッチュォ	쮀 ッチュエ	쮜 ッチュィ	찌 ッチ

※反切表の中には、実際には使われていない文字もあります。

第 **1** 章

「日常会話」で使える
基本フレーズ

朝のあいさつ・夜のあいさつ

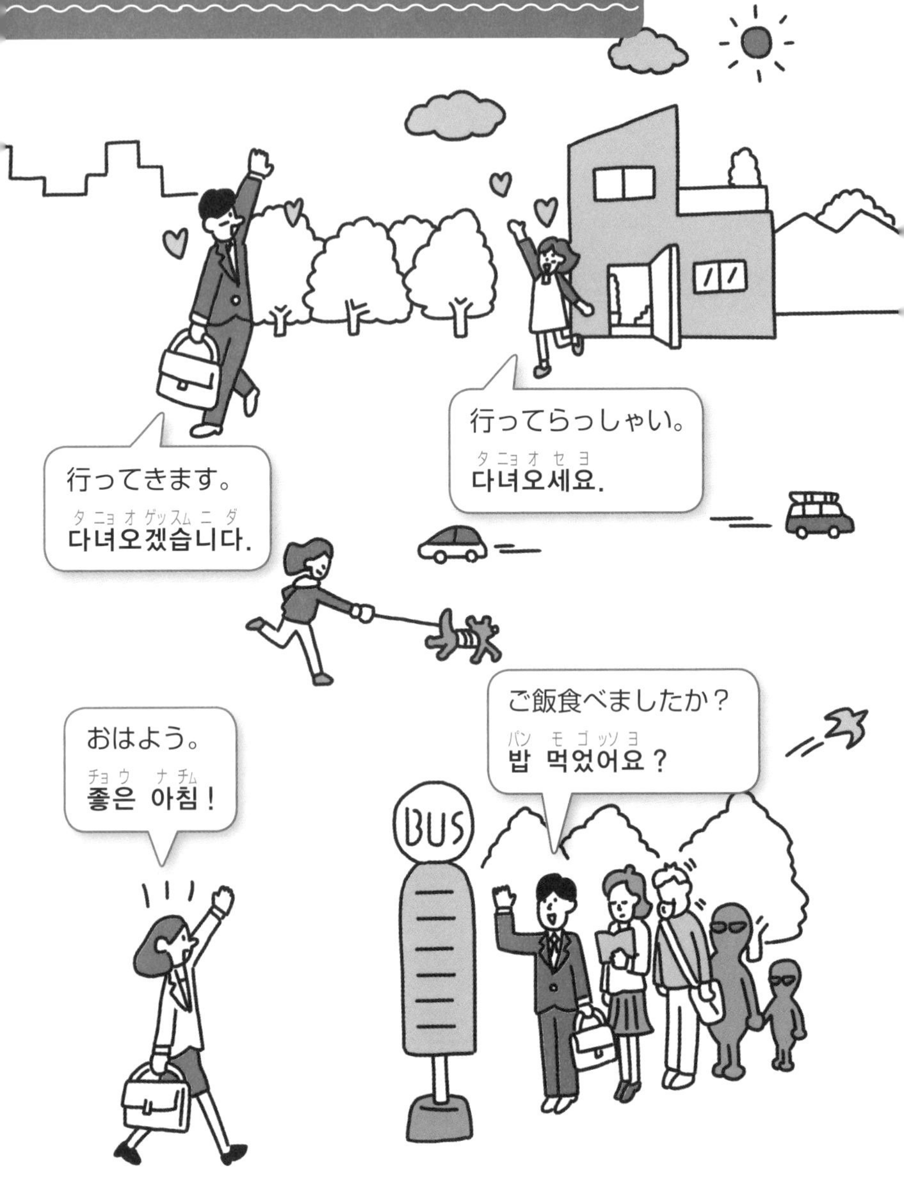

あいさつ

1 안녕하세요?

アンニョン ハ セ ヨ

　こんにちは。

朝、昼、晩と使える便利なあいさつ。文中の「하」は弱音化するので、「ハ」ではなく「ア」と発音されることがあります。より丁寧でややかための表現として「안녕하십니까? アンニョンハシムニッカ」があります。

2 안녕히 계세요.

アンニョン ヒ ケ セ ヨ

　さようなら。

去る人が、その場所に残る人に対して言います。直訳は「安寧にいらっしゃってください」。パンマルは「안녕. アンニョン（じゃあね）」です。インターネットでは「ㅂㅇ（バイ パイの略）」が使われることもあります。電話を切るときにも使います。

3 안녕히 가세요.

アンニョン ヒ カ セ ヨ

　さようなら。

残る人が、立ち去る人に対して言います。直訳は「安寧に行かれてください」。一緒に歩いていたり、立ち話をしたあとに別れるときはお互いにこのフレーズを使います。「조심히 가세요. チョシミ カセヨ（お気を付けて）」と言うこともできます。

4 잘 가!

チャル ガ

　バイバイ！

直訳は「無事に行って！」。友達同士で使えるフレーズです。こう言われたら「갈게~ カルケー（行くね~）」などと答えます。残る人に対して「잘 있어~ チャリッソー（[直訳] 無事にいてね→バイバイ）」と言うこともできます。

5 그럼 또 봐요.
クロム ット ブァ ヨ

じゃあ、また。

直訳は「では、また会いましょう」。明るく言ってみましょう。パンマルは「또 봐．ット ブァ（またね）」。とても丁寧な表現として、「그럼 또 뵙겠습니다．クロム ット ブェプケッスムニダ（それでは、またお目にかかります）」があります。

6 내일 봐요!
ネ イル ブァ ヨ

また明日！

丁寧語ですが、ややくだけた印象があります。パンマルは「내일 봐．ネイル ブァ（明日ね）」。「내일 ネイル（明日）」を「다음에 タウメ（今度）」「다음 주에 タウム チュエ（来週に）」「월요일에 ウォリョイレ（月曜日に）」などにすることもできます。

7 건강하세요.
コン ガン ハ セ ヨ

お元気で。

直訳は「健康でいらしてください」。健康を気遣う韓国人がよく使うフレーズで、メールや手紙の締めの言葉としても使えます。パンマルは「잘 지내．チャル チネ（元気でね）」です。

8 좋은 하루 되세요.
チョ ウ ナ ル トゥェ セ ヨ

よい一日を。

韓国人が好きなフレーズです。友達のみならず、ビジネスメールにも使えます。「좋은 하루 되십시오．チョウ ナル トゥェシプシオ（よい一日をお過ごしください）」はより丁寧な表現になります。

9 좋은 아침!
チョウ ナ チム

おはよう。

「Good morning!」を韓国語にした表現です。友達や同僚同士でおどけた感じで使います。「좋은 아침입니다. チョウ ナチミムニダ（[直訳] よい朝です）」と言うこともありますが、やはり少しおどけた雰囲気になります。

10 다녀오겠습니다.
タ ニョ オ ゲッスム ニ ダ

行ってきます。

子どもが親に言ったり、オフィスで用いられたりします。「다녀올게요. タニョオルケヨ（行ってきます）」は、ややくだけた表現になります。パンマルは「다녀올게. タニョオルケ（行ってくるね）」「갔다 올게. カッタ オルケ（行ってくるね）」です。

11 다녀오세요.
タ ニョ オ セ ヨ

行ってらっしゃい。

家族や上司などに広く使えます。より丁寧でかための表現は「다녀오십시오. タニョオシプシオ（行ってらっしゃいませ）」。パンマルの「行ってらっしゃい」は「잘 다녀와〜 チャル タニョワー」「잘 갔다 와〜 チャル カッタ ワー」。

12 날씨가 좋네요.
ナル ッシ ガ チョン ネ ヨ

いい天気ですね。

あいさつとして「비 올 것 같네요. ピ オル コッ カンネヨ（雨が降りそうですね）」「춥네요. チュムネヨ（寒いですね）」「덥네요. トムネヨ（暑いですね）」などと言うこともあります。

13 기분 좋은 아침이네요.
キ ブン チョウ ナ チ ミ ネ ヨ

気持ちのいい朝ですね。

直訳は「気分よい朝ですね」。さわやかな天候の朝や、午前中に送るメールなどで使えるフレーズです。「아침 アチム (朝)」のほかに「오후 オフ (午後)」「저녁 チョニョク (夕方)」「밤 パム (夜)」も使います。

14 다녀왔습니다.
タ ニョ ワッ スム ニ ダ

ただいま。

直訳は「行ってきました」。子どもが親に言ったり、オフィスで用いられたりします。パンマルは「나 왔어. ナ ワッソ ([直訳] あたし (俺) 来たよ→ただいま)」「다녀왔어. タニョワッソ ([直訳] 行ってきた→ただいま)」。

15 어서 와요.
オ ソ ワ ヨ

おかえり。

「오셨어요? オショッソヨ ([直訳] 来ましたか?→おかえりなさい)」とも言います。パンマルの「おかえり」は「어서 와. オソ ワ」「왔어? ワッソ」。ちなみに「어서 오세요. オソ オセヨ」は、「いらっしゃいませ」「さあ、お入りください」の意味です。

16 안녕히 주무세요.
アンニョン ヒ ジュ ム セ ヨ

おやすみなさい。

パンマルは「잘 자. チャル ジャ (おやすみ)」。朝に、「안녕히 주무셨어요? アンニョンヒ ジュムショッソヨ (よく眠れましたか?)」と声をかけたりもします。これのパンマルは「잘 잤어? チャル ジャッソ (よく寝た?)」です。

17 밥 먹었어요?

パン　モ　ゴ　ッソ　ヨ

ご飯食べましたか？

あいさつとしてよく使われます。パンマルは「밥 먹었어? パン モゴッソ（ご飯食べた？）」。目上の人には「식사하셨어요? シクサハショッソヨ（お食事されましたか？）」のほうがよいでしょう。

18 뭐 좋은 일 있어요?

ムォ　チョウン　ニ　リッソ　ヨ

何かいいことありました？

こう聞かれたときの答えとしては、「아니. アニ（ううん）」「별로. ピョルロ（別に）」「없어요. オプソヨ（ありません）」「어떻게 알았어요? オットケ アラッソヨ（何でわかったんですか？）」などがあります。

19 수고하셨어요.

ス　ゴ　ハ　ショッソ　ヨ

お疲れさまでした。

「수고하셨습니다. スゴハショッスムニダ（お疲れさまでした）」となると、さらに丁寧な表現になります。上司が部下に、「수고했어. スゴヘッソ（お疲れ）」とねぎらいの言葉をかけたりもします。

20 처음 뵙겠습니다.

チョ　ウム　プェプケッ　スム　ニ　ダ

初めまして。

初対面のときの定番のあいさつです。「初めてお目にかかります」という意味で、フォーマルな場面にも使えます。パンマル表現はなく、子どもに対して言うと大変不自然です。子どもには「안녕? アンニョン（こんにちは）」と言うといいでしょう。

21 만나서 반갑습니다.

マン ナ ソ　バン ガ スム ニ ダ

> お会いできてうれしいです。

初対面のときのあいさつ、決まり文句です。「만나서 반가워요. マンナソ バンガ ウォヨ」は、ややカジュアルな表現です。「반갑다 バンガプタ」はここでは「うれしい」と訳されていますが、人と人との出会いや交流でのみ使うことができます。

22 오랜만이에요.

オ レン マ ニ エ ヨ

> お久しぶりです。

「오래간만이에요. オレガンマニエヨ」と言うこともできます。友達との再会を喜ぶときは、「진짜 오랜만이다～. チンッチャ オレンマニダー(ほんと、久しぶり～)」と言います。

23 잘 부탁합니다.

チャル　ブ タ カム ニ ダ

> よろしくお願いします。

格式ばった言い方として「잘 부탁드립니다. チャル プタクトゥリムニダ (よろしくお願いいたします)」「잘 부탁드리겠습니다. チャル プタクトゥリゲッスムニダ (よろしくお願いいたします)」もあります。

 column

「初対面でも子どもにはパンマルでOK」

日本語の場合、初対面の子どもに対し「こんにちは。初めまして。お母さんのお友達の正美おばさんですよ」など、丁寧語を使うことがありますが、韓国では子どもには敬語を使いません。初対面でも「안녕? 처음 보네. 엄마 친구니까 이모라고 불러. アンニョン チョウム ボネ オンマ チングニッカ イモラゴ プルロ (こんにちは。初めてかな。お母さんの友達だから、おばさんって呼んで)」というようにパンマルで話しかけて問題ありません。

感謝する・謝る

24 감사합니다.
カム サ ハム ニ ダ

> ありがとうございます。

感謝の気持ちを表す定番のフレーズです。直訳は「感謝します」。文中の「하」は
弱音化するので、「h」の音を出さずに、「カムサムニダ」と言うと、より自然な響き
になります。

25 고마워요.
コ マ ウォ ヨ

> ありがとうございます。

若干カジュアルな印象になるので、目上の人や上司、取引先には「감사합니다.
カムサハムニダ」と言ったほうがよいでしょう。パンマルは「고마워. コマウォ（あ
りがとう／サンキュー）」。

26 별말씀을요.
ビョル マル ッス ムル リョ

> どういたしまして。

褒められたときの返答、「何をおっしゃいますか」の意味もあります。お礼を言わ
れたときの返事としては、ほかに「천만에요. チョンマネヨ（どういたしまして）」
「아니에요. アニエヨ（いいえ）」などがあります。

27 죄송해요.
チュェソン ヘ ヨ

> 申し訳ありません。

仕事で使ったり、目上の人に使ったりする表現です。さらに丁寧な表現として、「〈대
단히〉 죄송합니다. 〈テダニ〉 チュェソンハムニダ（〈誠に〉申し訳ございません）」
があります。

28 미안해요.
ミアネヨ

ごめんなさい。

目上の人には使えません。仕事では同僚や後輩に、プライベートでは恋人や友達に使います。パンマルは「미안해. ミアネ（ごめんね）」「미안. ミアン（ごめん）」です。「미안 미안. ミアン ミアン（ごめんごめん）」と言ったりもします。

29 잘못했어요.
チャル モ テッソ ヨ

許してください。

直訳は「(私が) 誤りを犯しました」。本当に自分が悪い、謝りたい、許しを請いたいという強い思いがあるときに使います。パンマルは「잘못했어. チャルモテッソ（許して）」。

30 아니에요.
ア ニ エ ヨ

いいえ。

「違います」という否定のフレーズですが、感謝されたり、謝られたりしたときの「いいえ（気にしないでください）」としても使います。その場合は、明るい表情で言いましょう。イエス、ノーのノーは「아니요. アニヨ（いいえ）」です。

31 괜찮아요.
クェンチャ ナ ヨ

大丈夫です。

疑問形の「괜찮아요? クェンチャナヨ（大丈夫ですか?）」もよく使われます。
例「피곤하지 않아요? 괜찮아요? ピゴナジ アナヨ クェンチャナヨ（疲れていませんか? 大丈夫ですか?）－네, 괜찮아요.」。「네 ネ」は「はい」という意味です。

あいづち

32 그럴죠.
<small>ク ロ チョ</small>

> そうですよね。

相手の気持ちに同調したり、考えに共感したりするときに使います。例「한국어 공부는 하면 할수록 어려워요. ハングゴ コンブヌン ハミョン ハルスロク オリョウォヨ（韓国語の勉強はやればやるほど難しくなります）－그럴죠.」

33 그렇다니까요.
<small>ク ロ タ ニ ッカ ヨ</small>

> そうなんですよ。

「そうそう、その通り！ 自分もそう思う」というように、32より同意の気持ちが強くなります。例「김 부장님의 생각은 이해가 안 가요. キム ブジャンニメ センガグン イヘガ アン ガヨ（キム部長の考えは理解できません）－그렇다니까요.」

34 맞아요.
<small>マ ジャ ヨ</small>

> その通りです。

「合っています」という意味で、相手の意見に賛成するときに使います。パンマルは「맞아. マジャ（その通り）」ですが、実際は［맞어 マジョ］と発音する人が少なくありません。

35 그건 아닌 것 같아요.
<small>ク ゴ ナ ニン ゴッ カ タ ヨ</small>

> そうは思いません。

「それは違うと思います」という意味で、相手の意見に同意できないときに使います。「저는 그렇게 생각하지 않아요. チョヌン クロケ センガカジ アナヨ（私はそう思いません）」と言うこともできます。

36 아마도.

　たぶんね。

相手の意見に同意し、自分もそう推測する、という気持ちのときに使います。
「아마 그럴 거예요. アマ クロル コエヨ（たぶんそうでしょう）」と言うこともできます。

37 알아요.

　わかります。／知っています。

すでに知っていることや知識に対して使えます。新たに知ったことなどに対し理解を示すときは「알겠어요. アルゲッソヨ（わかります／わかりました）」（→ p. 39 53）です。丁寧な表現は「압니다. アムニダ（わかります／知っています）」。

38 역시.

　やっぱり。

「そうだと思っていた」という気持ちを表します。例「민철 씨와 혜진 씨가 사귄대요. ミンチョル ッシワ ヘジン ッシガ サグィンデヨ（ミンチョルさんとヘジンさんが付き合っているそうです）－역시.」

39 그렇다고 생각했어요.

　そうだと思いました。

38と同じく、自分が思っていた通りだった、というときに使います。パンマルは「그렇다고 생각했어. クロタゴ センガケッソ（そうだと思った）」。フレーズの前に「역시. ヨクシ（やっぱり）」を付けてもいいでしょう。

第1章 「日常会話」で使える基本フレーズ

35

1 아~! 그랬구나.
<small>アー　クレック ナ</small>

あ～！ そうだったんだ。

意外なことがわかったときのつぶやきとしても使います。丁寧語は「아~! 그랬군요. アー クレックンニョ（あ～！ そうだったんですね）」「아~! 그랬어요? アークレッソヨ（あ～！ そうでしたか？）」です。

2 그래요?
<small>ク　レ　ヨ</small>

そうですか？

単なるあいづちとしても使われますが、トーンを大袈裟にすれば、「本当に？」というような驚きを表すこともできます。パンマルは「그래? クレ（そう？／そうなの？／本当？）」です。

3 정말요?
<small>チョン マル リョ</small>

本当ですか？

意外なことを聞いたり、相手の言うことが信じられないときに使います。トーンを大袈裟にすると、驚きを表すことができます。パンマルは「정말? チョンマル（本当？）」。「정말이에요? チョンマリエヨ（本当ですか？）」はやや丁寧な響きになります。

4 진짜?
<small>チンッチャ</small>

まじで？

「정말? チョンマル」がさらにカジュアルになった表現です。「진짜 チンッチャ」は「정말 チョンマル」と同様、「진짜 예뻐. チンッチャ イェッポ（まじでかわいい）」などのように、副詞として使うこともできます。

44 설마 거짓말이죠?
ソルマ　コジンマリジョ

まさか、うそですよね？

相手の言うことが信じられないときに使います。「설마. ソルマ（まさか）」とだけ言うこともできます。関連「거짓말하지 마세요. コジンマラジ マセヨ（うそつかないでください）」「에이. 거짓말! エイ コジンマル（えー。うそ！）」

45 헐.
ホル

信じらんない。

とてもじゃないけど理解できない、あきれる、そんなときに自然に出てくるフレーズです。俗語的な響きがあります。例「준호가 또 바람피웠대. チュノガット バラムピウォッテ（ジュノがまた浮気したらしいよ）－헐.」

46 왜요?
ウェ　ヨ

何でですか？

自分の名前を呼ばれたときにこう言うと、「何ですか？」という受け答えになります。パンマルは「왜? ウェ（どうして？）」です。例「오늘 너무 기분이 좋아요. オヌル ノム キブニ チョアヨ（今日すごく気分がいいです）－왜요?」

47 네? 뭐라고요?
ネ　ムォ　ラ　ゴ　ヨ

え？ 何ですって？

単に相手の言ったことを確認するときにも使いますが、信じられないことを聞いたときにも使います。「네? ネ（え？／はい？）」とだけ言うこともできます。パンマルは「뭐라고? ムォラゴ（何だって？）」です。

48 대단해요.
テ ダ ネ ヨ

すごいですね。

相手を褒めたいときに使うフレーズです。例「어제 5시간이나 공부했어요. オジェ タソッッシガニナ コンブヘッソヨ（昨日5時間も勉強しました）－대단해요.」「대단하시네요. テダナシネヨ（すごいですね）」は、さらに丁寧な表現です。

49 잘했어!
チャ レ ッソ

よくやった！

親が子どもを、先生が生徒を、友達同士でなど、相手の行動を褒めるとき、認めるときに使います。そのため、若干「上から目線」になります。「잘했어요. チャレッソヨ（よくできました）」と言うと少し丁寧な響きになります。

50 대박!
テ バ ク

やばっ！

あまりにもキレのよいダンスを見たときや、これまで食べたもののなかで一番おいしいと言いたいときなどに使えるだけでなく、逆に「ありえない」「信じられない」など、よくないことに接したときなど、さまざまなシーンで使えます。

51 좋겠다.
チョ ケッ タ

いいな～。

相手の話をうらやましく思ったときなどに言います。丁寧な言い方は、「좋으시겠어요. チョウシゲッソヨ（いいですね）」または「좋겠어요. チョケッソヨ（いいですね）」です。

52 훈훈하네요.
フ ヌ ナ ネ ヨ

いいですね。

温かい雰囲気、ほほえましい光景を見たり、聞いたりしたときに使います。また「훈훈한 봄바람이 부네요. フヌナン ポムパラミ プネヨ（暖かな春の風が吹きますね）」のように、ぽかぽかと気持ちのよい暖かさを表したりもします。

53 알겠어요.
アル ゲ ッソ ヨ

わかりました。

より丁寧な表現は「알겠습니다. アルゲッスムニダ（わかりました）」。「알았어요. アラッソヨ」「알았어. アラッソ」とも言えますが、若干「わかったよ」「わかったってば」というようなぞんざいな響きがあるので、注意しましょう。

54 할 수 없죠.
ハル ス オプ チョ

仕方ないですよ。

方法がない、諦めるしかない、といったときに使うフレーズです。「할 수 없죠, 뭐. ハルス オプチョ ムォ」と、最後に「뭐」がくることもあります。ここの「뭐」には、「まあ、仕方ないですよ」というような響きがあります。

☕ column

「韓国の若者言葉」

「세대 차이 セデ チャイ［世代差異］（ジェネレーションギャップ）」を感じさせる言葉を紹介しましょう。年長者が年下の人に小言を言うとき、「나 때는 말이야 ナッテヌン マリヤ（私の時代ではな）」で始まることが多いことから、「나 때」の発音に似ている「라떼 ラッテ（ラテ）」を使い、「라떼는 말이야」とおもしろく、状況によっては皮肉って表現するようになりました。「꼰대 ッコンデ」という言葉もあります。偉そうな態度をとったり何でも教えたがる年長者を指す隠語です。

ひとり言

///

55 어머!
オ モ

あら！

驚いたときに使います。女性言葉です。「어머, 이게 뭐야!? オモ イゲ ムォヤ（あら、これ何!?）」などと使います。また、「어머나. オモナ（あらまあ）」と言ったりもします。

///

56 엄마야.
オン マ ヤ

あらら。

男女にかかわりなく、驚いたときや怖い思いをしたときに使います。「엄마야, 놀래라! オンマヤ ノルレラ（あらら、驚いた！）」。「놀래라 ノルレラ」は、正しくは「놀라라 ノルララ（驚いた）」ですが、一般的に「놀래라」と言う人が多いです。

///

57 헉!
ホク

おおっ！

予想していなかったことに驚き、息が止まるような気持ちのときに使います。
例 「헉…… 어떻게 이런 일이…… 오늘 정기 휴일이네…… ホク オットケ イロンニリ オヌル チョンギ ヒュイリネ（おおっ、どうしたことか、今日定休日だよ）－헉！」

///

58 깜짝이야!
ッカムッチャ ギ ヤ

びっくりしたー！

突然の音に「はっ」と驚いたときなどのひとり言です。思い切り早口で言いましょう。
関連 「놀라게 하지 마세요. ノルラゲ ハジ マセヨ（驚かせないでください）」「깜짝 놀랐어요. ッカムッチャン ノルラッソヨ（はっと驚きました／びっくりしました）」

///

59 **앗싸~!**
アッ サー

> やったー！

思い切りうれしさを表現するときに使います。握りこぶしを作りながら言うとよりそれらしい雰囲気が出るでしょう。関連「앗싸~! 우리 팀이 이겼다! アッサー ウリ ティミ イギョッタ（やったー！ うちのチームが勝った！）」

60 **예~!**
イェー

> ラッキー！

こちらも感情を込めながら握りこぶしを作って言うといいでしょう。反対の意味を持つ言葉として、「재수가 없네. チェスガ オムネ（ついてないなあ）」があります。関連「예~!! 당첨됐다! イェー タンチョムドゥエッタ（ラッキー!!当たった！）」

61 **좋은 생각났어.**
チョ ウン セン ガン ナッソ

> いいこと考えた。

何かがひらめいたときに使います。「생각나다 センガンナダ」には「思い出す」という意味もあります。関連「박수미 선생님 생각났어? パクスミ ソンセンニム センガンナッソ（パク・スミ先生のこと思い出した？）」

62 **어떡해.**
オット ケ

> どうしよう。

困ったことが起こったときに使います。人に言うこともでき、ひとり言でも使えます。誰かに助けを求めるような表現は「어떡하죠? オットカジョ（どうしましょうか？）」。ひとり言としては「어떡하지. オットカジ（どうしよう）」もあります。

63 아자 아자!
アジャ アジャ

よし、いくぞ!

自分自身に気合いを入れるときにも、相手に気合いを入れるときにも使います。
「파이팅! パイティン(ファイト!)」や、「아자 아자 파이팅! アジャ アジャ パイティン(さあ、がんばるぞ!)」もよく使います。

64 아~ 피곤해.
アー ピ ゴ ネ

あ~、疲れた~。

疲れたとき、ひとり言のように言います。「疲れた~」と言いたくて、「피곤했어요. ピゴネッソヨ」と過去形で言うと不自然になるので、注意しましょう。人を気遣う言葉として「피곤하지 않아요? ピゴナジ アナヨ(疲れていませんか?)」もあります。

65 아~ 심심해.
アー シム シ メ

あ~、暇だ~。

何もおもしろいことがない、暇で退屈だ、といったときに使います。[関連]「아~ 심심해. 피시방 가서 게임이나 할까. アー シムシメ ピシバン カソ ケイミナ ハルッカ(あ~、暇だ~。インターネットカフェに行ってゲームでもしようかな)」

66 아, 쪽팔려……
ア ッチョクパル リョ

あぁ、恥ずかしい……

「쪽팔리다 ッチョクパルリダ」は「恥ずかしい」という俗語で、失敗したり、見られたくないものを見られたりしたときに使います。俗語でない表現は「창피해요. チャンピヘヨ(恥ずかしいです)」ですが、本当に恥じ入るニュアンスが出ます。

第2章

「自己表現・感情表現」で
使えるフレーズ

これはおすすめですよ。
イ ゴ カンチュ エ ヨ
이거 강추예요.

あまり興味はないです。
ピョル ロ クァン シ モ プ ソ ヨ
별로 관심 없어요.

怒りの感情

もうキレそうです。

폭발 직전이에요.
ポクバル チクチョ ニ エ ヨ

ほんと腹立ちますね。

진짜 열 받네요.
チンッチャ ヨル パン ネ ヨ

Hello!!

自己紹介・自分について

1 저는 닛타 리에예요.
チョ ヌン ニッタ リ エ エ ヨ

> 私は新田理絵です。

「저는 チョヌン (私は)」の代わりに「제 이름은 チェ イルムン (私の名前は)」とも言えます。関連「성함이 어떻게 되세요? ソンハミ オットケ トゥェセヨ (お名前は何とおっしゃいますか?)」「이름이 뭐예요? イルミ ムォエヨ (名前は何ですか?)」

2 일본 오사카에서 왔어요.
イル ボン オ サ カ エ ソ ワッ ツ ヨ

> 日本の大阪から来ました。

関連「어디에 살아요? オディエ サラヨ (どこに住んでいますか?)」「어디에 사세요? オディエ サセヨ (どこに住んでいらっしゃいますか?)」「도쿄에 살아요. トキョエ サラヨ (東京に住んでいます)」

3 저는 회사원이에요.
チョ ヌン フェ サ ウォ ニ エ ヨ

> 私は会社員です。

自身の職業などを言うときのフレーズです。派遣社員や契約社員も「회사원 フェサウォン (会社員)」と言うのが一般的です。参考「공무원 コンムウォン (公務員)」「주부 チュブ (主婦)」「학생 ハクセン (学生)」「알바생 アルバセン (アルバイト)」

4 취미는 댄스예요.
チュ ミ ヌン テン ス エ ヨ

> 趣味はダンスです。

相手の趣味を尋ねるときは「취미가 뭐예요? チュィミガ ムォエヨ (趣味は何ですか?)」と言います。参考「여행 ヨヘン (旅行)」「음악 감상 ウマッ カムサン (音楽鑑賞)」「영화 보기 ヨンファ ポギ (映画を見ること)」「운동 ウンドン (運動)」

5 한국말을 공부하고 있어요.

> 韓国語を勉強しています。

韓国人は、外国人が韓国語を勉強することをとても喜んでくれるので、是非覚えておきたいフレーズです。「한국말 ハングンマル」は「한국어 ハングゴ」と言っても大丈夫です。「말」は固有語で「言葉」という意味、「어」は漢字語の「語」です。

6 한국은 처음이에요.

> 韓国は初めてです。

関連「두〈세〉 번째예요. トゥ〈セ〉 ボンッチェエヨ (2〈3〉回目です)」「자주 와요. チャジュ ワヨ (しょっちゅう来ます)」「셀 수 없을 만큼 많아요. セルス オブスル マンクム マナヨ (数えられないほど多いです)」

7 서른한 살이에요.

> 31歳です。

韓国では相手が年上か年下かで言葉遣いが変わるので、気軽に年齢を尋ねます。関連「나이가 어떻게 되세요? ナイガ オットケ トゥェセヨ (何歳でいらっしゃいますか?)」「몇 살이에요? ミョッ サリエヨ (何歳ですか?)」

8 나이는 비밀이에요.

> 年はヒミツです。

きつい印象を与えないよう、笑いながら言うのがポイントです。関連「그런 질문 하지 마세요. クロン チルムン ハジ マセヨ (そういう質問はしないでください)」「묻지 마세요. ムッチ マセヨ (聞かないでください)」

9 남친 있어요.

> 彼氏がいます。

年齢と同じく、パートナーの有無を聞くハードルも比較的低いです。「여친 있어요? ヨチ ニッソヨ（彼女、いますか?）」「만나는 사람 있어요? マンナヌン サラ ミッソヨ（付き合っている人、いますか?）」と聞いてもいいでしょう。

10 좋은 사람 있으면 소개해 주세요.

> 誰かいい人いたら紹介してください。

恋人のいない人が口癖のように言う言葉です。「좋은 사람 チョウン サラム（いい人）」と同じ意味で、「괜찮은 사람 クェンチャヌン サラム（[直訳] 大丈夫な人→いい人）」もよく使われます。

11 아직 결혼 안 했어요.

> まだ独身です。

直訳は「まだ結婚していません」。既婚の場合は、「결혼했어요. キョロネッソヨ（[直訳] 結婚しました→結婚しています）」と、過去形を用いるのがポイントです。関連「기혼이에요. キホニエヨ（既婚です）」「미혼이에요. ミホニエヨ（未婚です）」

12 부모님하고 같이 살아요.

> 両親と一緒に住んでいます。

両親が高齢の場合は、「부모님을 모시고 살아요. プモニムル モシゴ サラヨ（両親をお世話しながら暮らしています）」とも言います。参考「할아버지 ハラボジ（祖父）」「할머니 ハルモニ（祖母）」「아버지 アボジ（父）」「어머니 オモニ（母）」

13 혼자 살아요.
ホン ジャ サ ラ ヨ

一人暮らしです。

場合によっては「独身です」という意味にもなるので、「가족과 따로 살고 있어요. カジョックァ ッタロ サルゴ イッソヨ（家族とは別に住んでいます）」と言ったりもします。

14 오빠하고 여동생이 있어요.
オ ッ パ ハ ゴ ヨ ドン セン イ イ ッ ツ ヨ

兄と妹がいます。

参考 「오빠 オッパ（〈女性からみた〉兄）」「형 ヒョン（〈男性からみた〉兄）」「누나 ヌナ（〈男性からみた〉姉）」「언니 オンニ（〈女性からみた〉姉）」「남동생 ナムドンセン（弟）」「여동생 ヨドンセン（妹）」「형제 ヒョンジェ（兄弟）」

15 저는 외동딸이에요.
チョ ヌン ウェ ドン ッタ リ エ ヨ

私は一人娘です。

参考 「외아들 ウェアドゥル（一人息子）」「장남 チャンナム（長男）」「장녀 チャンニョ（長女）」「세 자매의 둘째예요. セ ジャメエ トゥルッチェエヨ（三姉妹の二番目です）」→「첫째 チョッチェ（一番目）」「셋째 セッチェ（三番目）」

16 어떻게 보여요?
オ ッ ケ ボ ヨ ヨ

どう見えますか？

年齢、血液型、家族関係などの質問を受けたとき、こう切り返すと会話が盛り上がります。また、相手がそう見えない、と言いたいときは「전혀 그렇게 안 보여요. チョニョ クロケ アン ボヨヨ（全然そう見えません）」と言います。

好み（好き・普通・嫌い）を言う

17 저는 한국 드라마를 좋아해요.
チョ ヌン ハングク トゥラ マ ルル チョ ア ヘ ヨ

私は韓国ドラマが好きです。

好きな歌手や俳優など、いろいろなものについて言うことができます。
参考 「K-POP ケイパプ」「한국 영화 ハングン ニョンファ（韓国映画）」「한국 요리 ハングン ニョリ（韓国料理）」「한국 문화 ハングン ムヌァ（韓国文化）」

18 저는 걸그룹 팬이에요.
チョ ヌン コル グ ルッ ペ ニ エ ヨ

私はガールズグループのファンです。

好きなグループ、歌手、俳優などについて言うことができます。続けて「콘서트에도 여러 번 갔어요. コンソトゥエド ヨロ ボン カッソヨ（コンサートにも何回も行きました）」などと言ってもいいでしょう。

19 K-POP 중에선 특히 발라드가 좋아요.
ケイパプ チュン エ ソン トゥ キ バル ラ ドゥ ガ チョ ア ヨ

K-POPの中では特にバラードが好きです。

「한국 드라마 중에선 ハングク トゥラマ ジュンエソン（韓国ドラマの中では）」「한국 배우 중에선 ハングク ペウ ジュンエソン（韓国の俳優の中では）」など、いろいろな言葉に置き換えることができます。

20 최애를 위해선 죽어도 좋아.
チュェ エ ルル ウィ ヘ ソン チュ ゴ ド チョ ア

推しのためなら死んでもいい。

反対の表現として「죽어도 싫어 チュゴド シロ（死んでも嫌だ）」があります。関連「한국에 가기 위해선 뭐든 할 수 있어요. ハングゲ カギ ウィヘソン ムォドゥン ハル ス イッソヨ（韓国に行くためなら何でもできます）」

21 이거 강추예요.

これはおすすめですよ。

「강추 カンチュ」は、「강력 추천 カンニョク チュチョン（強力推薦）」の縮約形で、俗語です。おすすめのドラマ、歌、本、食べ物など、いろいろなものに使えます。　関連「진짜 좋아요. チンッチャ チョアヨ（ほんと、いいですよ）」

22 한국 최고예요.

韓国は最高です。

親指を上に突き出して言うとよいでしょう。このジェスチャーは、韓国人が何かを賞賛するときによく使います。　関連「일본 온천 최고야. イルボ ノンチョン チュェゴヤ（日本の温泉は最高だよ）」「한국 최고! ハングク チュェゴ（韓国最高！）」

23 저는 한국 화장품에 관심이 있어요.

私は韓国コスメに興味があります。

「화장품 ファジャンプム」は「化粧品」。「흥미가 있다 フンミガ イッタ（興味がある）」という韓国語もありますが、会話では「관심이 있다 クァンシミ イッタ（関心がある）」がより多く使われます。　参考「한약 ハニャク（漢方薬）」

 column

「過激な言葉で感情表現」

「배고파 죽겠어. ペゴパ チュッケッソ（お腹がすいて死にそう）」（➡ p. 103 21）「보고 싶어 미치겠어. ポゴ シポ ミチゲッソ（会いたくて狂いそう）」「죽기 살기로 했어요. チュッキ サルギロ ヘッソヨ（死ぬ覚悟で一生懸命やりました）」。これらは韓国人がよく使う表現です。このように韓国人は感情を強調しようとして、オーバーに言う傾向があります。

24 좋지도 싫지도 않아요.

チョッ チ ド　シル チ ド　ア ナ ヨ

好きでも嫌いでもありません。

ドラマ、俳優、音楽、食べ物など、さまざまなものについて好きかと聞かれたとき
に使えます。続けて「보통이에요. ボトンイエヨ（普通です）」「그냥 그래요. クニャ
ン クレヨ（まあまあです）」と言うこともできます。

25 별로 관심 없어요.

ビョル ロ　クァン シ　モプ ソ ヨ

あまり興味はないです。

いろいろなものについて、特に関心がないときに使えるフレーズです。 関連 「한국
드라마는 별로 관심 없어요. ハングク トゥラマヌン ビョルロ クァンシ モプソヨ
（韓国ドラマは特に興味がありません）」

26 저는 매운 것을 못 먹어요.

チョ ヌン　メ ウン　ゴ スル　モン　モ ゴ ヨ

私は辛いものが食べられません。

「회를 못 먹어요. フェルル モン モゴヨ（さしみが食べられません）」「막걸리를
못 마셔요. マッコルリルル モン マショヨ（マッコリが飲めません）」など、これ
らは食べられない、飲めないものがあったら覚えておきたいフレーズです。

27 특히 피망을 싫어해요.

トゥ キ　ピ マン ウル　シ ロ ヘ ヨ

特にピーマンが苦手です。

「피망을 좋아하지 않아요. ピマンウル チョアハジ アナヨ（ピーマンは好きではあり
ません）」と言ってもOK。「버스를 싫어해요. ボスルル シロヘヨ（バスが苦手です）」
「마라톤을 싫어해요. マラトヌル シロヘヨ（マラソンが嫌いです）」などにも使えます。

28 커피는 별로 안 좋아해요.

コ ピ ヌン ピョルロ アン ジョア ヘ ヨ

コーヒーはあまり好きじゃありません。

「별로 ピョルロ（あまり、あんまり）」を入れると、少し控えめな言い方になります。「별로」は、「이 아이스크림 별로인 것 같아요. イ アイスクリム ピョルロイン ゴッ カタヨ（このアイスクリーム、イマイチです）」という形でも使われます。

29 보기도 싫어요.

ポ ギ ド シ ロ ヨ

（嫌いすぎて）見るのもいやです。

嫌いなものや人などに対して使います。「보기 ポギ（見ること）」を使った表現として、「둘이 잘 지내서 참 보기 좋아요. トゥリ チャル チネソ チャム ポギ チョアヨ（二人は仲がよくて本当にいい感じですね）」などもあります。

30 생각만 해도 소름 돋아요.

センガンマ ネ ド ソルム ト ダ ヨ

考えただけで鳥肌が立ちます。

想像するだけでゾッとするという意味です。とても嫌いなものや人、想像したくないことなどに対して使います。「소름 돋아요. ソルム トダヨ（鳥肌が立ちます）」は、感動して鳥肌が立つ場合にも使えます。

31 남대문시장은 복잡해서 싫어요.

ナム デ ムン シ ジャンウン ポ チャ ペ ソ シ ロ ヨ

南大門市場はごちゃごちゃしていて好きじゃありません。

「복잡하다 ポクチャパダ」は、人が多くごちゃごちゃしている、道が複雑で行きにくいなど、いろいろな場面で使います。[関連]「가는 길이 복잡하니까 지하철로 가요. カヌン ギリ ポクチャパニッカ チハチョルロ カヨ（道が複雑なので地下鉄で行きましょう）」

32 볼 때마다 설레요.

ボル ッテマ ダ ソル レ ヨ

見るたびにときめきます。

「-때마다 설레요 ッテマダ ソルレヨ」は何回経験しても楽しくてワクワクすることなどによく使います。「한국에 갈 때마다 설레요. ハングゲ カル ッテマダ ソルレヨ（韓国に行くたびにワクワクします）」。

33 삼겹살이라면 자다가도 벌떡 일어나요.

サムギョプサ リ ラミョン チャ ダ ガ ド ボルットク ギロナ ヨ

サムギョプサルなら寝ていてもがばっと起きます。

日本語の「～に目がない」にあたります。大好物について言うことが多いです。「술이라면 자다가도 눈이 번쩍 떠져요. スリラミョン チャダガド ヌニ ポンッチョクットジョヨ（お酒なら寝ていてもパッと目が覚めます）」などの表現もあります。

34 부산이 제일 재밌었어요.

ブ サ ニ チェ イル チェ ミッ ッソッ ソ ヨ

釜山がいちばんおもしろかったです。

場所以外に、「한복 체험 ハンボク チェホム（韓服体験）」「뮤지컬 감상 ミュジコル カムサン（ミュージカル鑑賞）」「김치 만들기 キムチ マンドゥルギ（キムチ作り）」など、自身の具体的な体験、映画やドラマの作品名にも使えます。

35 너무 좋아요!

ノ ム チョ ア ヨ

すごくいいです！

好きな歌、ドラマ、場所などいろいろなものに使います。「너무 ノム（すごく）」の部分を「ノ～ム」と力を込めて言うと、より感情を表現することができます。そのほか、「좋아 좋아! チョア チョア（いいねいいね！）」と言ったりもします。

36 잘 어울리네.
チャ ロ ウル リ ネ

似合うね。

洋服などがよく似合うという意味のほか、「お似合いのカップルだね」のようにも
使います。丁寧語は「잘 어울리네요. チャ ロウルリネヨ (よく似合いますね)」「잘
어울리시네요. チャ ロウルリシネヨ (お似合いでいらっしゃいますね)」。

37 이거 예쁘다!
イ ゴ イェップ ダ

これかわいい!

女性の「かわいい!」というフレーズは日韓共通。雑貨、洋服などに使えるフレー
ズです。人に対して言うときは「이거 イゴ (これ)」を取り、「예쁘다! イェップ
ダ (かわいい!)」と言います。

38 볼매예요.
ポル メ エ ヨ

見れば見るほど魅力的です。

「볼매 ポルメ」は「볼수록 매력적 ポルスロク メリョクチョク (見れば見るほど魅
力的)」の縮約形。人、物、両方に使います。続けて「푹 빠졌어요. プッパジョッ
ソヨ (すっかりはまりました)」などと言ってみるのもいいですね。

39 제 스타일이에요.
チェ ス タ イ リ エ ヨ

私の (理想の) タイプです。

直訳は「私のスタイルです」ですが、好みのタイプの異性や、自分に似合いそうな
好みの洋服、映画、音楽、食べ物などに対しても使います。[関連]「진짜 마음에 들
어요. チンッチャ マウメ トゥロヨ (ほんと気に入りました)」

感情（喜怒哀楽）

40 신난다！
シン ナン ダ

テンションあがる！

うきうきし、楽しくて浮き立つような気持ちのときに使います。関連「내가 찾던 앨범이 있네. 신난다! ネガ チャットン エルボミ インネ シンナンダ（私が探してたアルバムがある。テンションあがる！）」

41 너무 기대돼요.
ノ ム　キ デ ドゥェ ヨ

すごく楽しみです。

「기대 キデ（期待）」を使うのがポイント。誰かに会える、行きたいところに行ける、見たいものが見られるなど、何か楽しみなことがあるときに使います。また「기다려지네요. キダリョジネヨ（待ち遠しいです）」もよく使われます。

42 뿌듯하네요.
ップ ドゥ タ ネ ヨ

胸がいっぱいです。

感動で胸がいっぱい、うれしくて充実感があるようなときに使います。関連「혼자서도 여행을 잘했어요. 정말 뿌듯해요. ホンジャソド ヨヘンウル チャレッソヨ チョンマル ップドゥテヨ（一人でも旅行ができました。本当に充実感があります）」

43 너무 들떠서 잠도 안 와요.
ノ ム　トゥルット ソ チャム ド　ア ヌァ ヨ

ワクワクして眠れません。

ライブの前夜など、気持ちが高ぶって眠れないときに使います。関連「흥분돼서 잠을 못 잤어요. フンブンドゥェソ チャムル モッ チャッソヨ（興奮して眠れませんでした）」「심장이 두근거려요. シムジャンイ トゥグンゴリョヨ（胸がドキドキします）」

44 빵 터졌어.

ッパン　ト ジョッ ソ

爆笑しちゃった。

俗語的な表現で、ものすごく笑えるときに使います。関連「민수가 갑자기 웃긴 이야기를 해서 빵 터졌어요. ミンスガ カプチャギ ウッキン ニヤギルル ヘソ ッパン トジョッソヨ（ミンスがいきなり笑える話をして、爆笑しました）」

45 웃겨 죽겠어요.

ウッ キョ　チュッ ケッ ソ ヨ

笑いすぎて死にそう。

お腹が痛くなるほど笑えるときに使います。「배꼽 빠지게 웃었어요. ペッコプ ッパジゲ ウソッソヨ（[直訳]へそが抜けるほど笑いました）」とも言えます。関連「아이고, 내 배꼽! アイゴ ネ ペッコプ（あぁ〜、へそが〈抜ける〉）」

46 그만 좀 웃겨요.

ク マン　ジョ　ムッ キョ ヨ

もう（これ以上）笑わせないでください。

「그만 クマン」は「それぐらいに（して）」という意味で、直訳は「笑わせるのはもうそのくらいにしてください」です。関連「그만 먹어요. クマン モゴヨ（[直訳]食べるのはそれぐらいにしてください→もうこれ以上食べないでください）」

column

「擬音語・擬態語」

日本語と同様、韓国語にも擬音語・擬態語がたくさんあります。一例を挙げると、「반짝반짝 빛나다 パンッチャクパンッチャク ピンナダ（キラキラ光る）」「아슬아슬하게 アスラスラゲ（ギリギリに）」「두리번두리번하다 トゥリボントゥリボナダ（ウロウロする）」「술술 말하다 スルスル マラダ（スラスラ話す）」「꼬르륵거리다 ッコルルッコリダ（お腹がぐうぐう鳴る）」など。これらは日常生活でもよく使われます。

47 재밌다〜.
チェ ミッ ター

おもしろーい！

ユーモアのある人に対してやテレビ番組に関してなど、さまざまなことに使います。
関連「이 책 정말 재밌어요. イ チェク チョンマル チェミッソヨ （この本、本当におもしろいです）」

48 안 웃기거든요！
ア ヌッ キ ゴ ドゥンニョ

つまらないんですよ！

直訳は「（私のことを）笑わせませんよ」。冗談やテレビ番組などがおもしろくないときに使います。親しい間柄では、本当は笑えるのに、わざとこのように言ってふざけたりすることもあります。関連「웃기지 마. ウッキジ マ （笑わせないで）」

49 괜히 기대했네.
クェ ニ キ デ ヘン ネ

期待して損した。

「괜히 クェニ＋動詞の過去形」で、その動作をしたことに後悔する気持ちを表します。関連「괜히 샀네. クェニ サンネ （買って損した／買わなきゃよかった）」「괜히 말했네. クェニ マレンネ （言わなきゃよかった）」

50 감동 받았어요.
カム ドン パ ダッ ソ ヨ

感動しました。

直訳は「感動を受けました」。感動する話を聞いたときや感動的な場面を見たときなどに使います。関連「너무 감동적이었어요. ノム カムドンジョギオッソヨ （とても感動的でした）」

51 정말 잘됐어요.
チョンマル　チャルドゥエッソ　ヨ

本当によかったです。

「잘되다 チャルドゥエダ」の直訳は「うまくいく」という意味です。願っていたことが現実になったときに使います。「드디어 최애가 제대해요. トゥディオ チュェエガ チェデヘヨ（ついに推しが除隊します）ー정말 잘됐어요.」

52 축하해요.
チュ カ ヘ ヨ

おめでとうございます。

パンマルは「축하해. チュカヘ（おめでとう）」。また、ネットやメールでよく使用される「ㅊㅋㅊㅋ チュカ チュカ（おめでとう）」という表現もあり、これはとてもカジュアルな雰囲気があります。この場合「축하」とは書きません。

53 부러워요.
プ ロ ウォ ヨ

うらやましいです。

何かをうらやましく思うときのフレーズには、「좋겠네. チョケンネ（いいね）」「좋겠네요. チョケンネヨ（いいですね）」もあります。例「다음 주에 한국에 갈 거예요. タウム チュエ ハングゲ カル コエヨ（来週韓国に行くつもりです）ー부러워요.」

54 너무 예뻐서 샘나요.
ノ ム　イェッポソ　セム ナ ヨ

かわいすぎて嫉妬しちゃいます。

うらやましい感情を強く抱いたとき、このように少しひねくれた言い方をします。「일도 잘하고 인기도 많아서 너무 샘나요. イルド チャラゴ インキド マナソ ノム セムナヨ（仕事もできるし人気もあるので、すごく嫉妬しちゃいます）」

55 용서 못 해!
ヨン ソ　モ テ

許せない！

ドラマのセリフやK-POPの歌詞によく登場します。「절대 용서 못 해! チョルテ ヨンソ モ テ（絶対許せない！）」とも言うこともできます。感情をこめて言うのがポイントです。

56 폭발 직전이에요.
ポク バル　チク チョ ニ エ ヨ

もうキレそうです。

直訳は「爆発直前です」。とても腹が立ったときに使います。「더 이상 참을 수가 없어요. ト イサン チャムル スガ オプソヨ（これ以上我慢できません）」「못 참겠어요. モッ チャムケッソヨ（我慢できません）」と言うこともできます。

57 진짜 열 받네요.
チンッチャ　ヨル　バン ネ ヨ

ほんと腹立ちますね。

「열 받다 ヨル パッタ」の直訳は「熱をもらう」で、怒りを表す表現です。「너무 화나요. ノム ファナヨ（とても腹が立ちます）」とも言えます。パンマルは「열 받네. ヨル バンネ（ムカつく）」。

58 질렸어요.
チル リョ ッソ ヨ

うんざりです。

もう飽き飽きした、疲れ果てた、これ以上耐えられない、そんなときに使います。関連「매일 같은 음식만 먹어서 질렸어요. メイル カトゥン ウムシンマン モゴソ チルリョッソヨ（毎日同じ食べ物ばかり食べているので飽き飽きします）」

59 힘들어요.
ヒム ドゥ ロ ヨ

つらいです。

直訳は「力が入ります」。力を込めないとやっていけない、というように体力的、もしくは精神的にしんどいときに使います。関連「힘들어 죽겠어. ヒムドゥロ チュッケッソ (しんどくて死にそう)」

60 뭔가 불안해요.
ムォン ガ　プ ラ ネ ヨ

なんだか不安です。

ためらわれる、思い切りがつかない、よくないことが起こりそうなど、不安感を表すときに使います。「불안한 느낌이 들어요. プラナン ヌッキミ トゥロヨ (不安な気持ちになります)」と言うこともできます。

61 정말 긴장되네요.
チョン マル　キンジャンドゥェ ネ ヨ

とっても緊張します。

「떨려요. ットゥルリョヨ (〈緊張して〉震えます)」もよく使われます。関連「긴장돼서 온몸이 떨려요. キンジャンドゥェソ オンモミ ットゥルリョヨ (緊張して全身が震えます)」「긴장하지 마세요. キンジャンハジ マセヨ (緊張しないでください)」

62 너무 무서워요.
ノ ム　ム ソ ウォ ヨ

すごく怖いです。

事柄から人にまで、広範囲に使うことができます。関連「어제 본 공포 영화 너무 무서웠어요. オジェ ポン コンポ ヨンファ ノム ムソウォッソヨ (昨日見たホラー映画、すごく怖かったです)」

63 충격이에요.
チュンギョ ギ エ ヨ

> ショックです。

バンマルは「충격이야. チュンギョギヤ (ショックだよ)」です。「충격 받았어요. チュンギョク パダッソヨ (ショックを受けました)」「충격 받았어. チュンギョク パダッソ (ショック受けた)」という表現もあります。

64 심멎주의!
シム モッ チュ イ

> 失神注意！

「심장이 멎을 수 있으니 주의 シムジャンイ モジュル ス イッスニ チュイ (心臓が止まるかもしれないので注意！)」の縮約形。「심쿵 シムクン (胸キュン)」(➡p. 128 26) を超える表現をしたいときに使います。

65 섭섭해요.
ソプ ソ ペ ヨ

> 寂しいです。

「섭섭하다 ソプソパダ (寂しい、残念だ)」は、自分には愛情や期待していることがあるのに、それが満たされないときに使われます。関連「내일 돌아가세요? 섭섭하네요. ネイル トラガセヨ ソプソバネヨ (明日帰られますか？ 寂しいですね)」

66 어쩐지 눈물이 나요.
オ ッチョン ジ ヌン ム リ ナ ヨ

> なんだか泣けてきました。

「悲しくて」泣けてくるほか、「感動して」「うれしくて」泣けてくるときにも使います。関連「그 이야기를 들으니까 어쩐지 눈물이 나요. ク イヤギルル トゥルニッカ オッチョンジ ヌンムリ ナヨ (その話を聞いたらなんだか泣けてきました)」

67 너무 마음이 아파요.

ノム マ ウ ミ ア パ ヨ

とても心が痛みます。

不幸な話を聞いたときなど、心を痛めたときに使います。[関連]「혜영 씨 어머니가 돌아가셨대요. 너무 마음이 아파요. ヘヨン ッシ オモニガ トラガショッテヨ ノム マウミ アパヨ（ヘヨンさんのお母さんが亡くなったそうです。とても心が痛みます）」

68 진짜 안타깝네요.

チンッチャ アン タ ッカム ネ ヨ

ほんと、残念ですね。

何かがあって落ち込んでいる人や、思い通りの結果にならなくてガッカリしている人に対して使います。[例]「티켓팅 5번 다 떨어졌어요. ティケティン タソッポン タ ットロジョッソヨ（チケッティング、5回全部落選しました）ー진짜 안타깝네요.」

69 안됐네요.

アンドゥェン ネ ヨ

かわいそうに。

第三者について言うこともあれば、話している相手に「残念でしたね、かわいそうに」と言うようなときにも使います。[例]「민수 씨가 결국 차였대요. ミンス ッシ ガ キョルグク チャヨッテヨ（ミンスさんが結局ふられたそうです）ー안됐네요.」

 column

「喜怒哀楽は派手に、そしてみんな一緒に」

日本の結婚式はごく親しい人だけを招待する傾向がありますが、韓国はたくさんの人に招待状を送り、そして大勢の人が気軽に参加し、会場を賑やかにします（➡p. 157 column）。また、お葬式では遺族や参列者が、大きな声で泣き、悲しみを表現します。失恋した友達を囲んで飲み会を開くようなこともよくあります。このように、韓国には「喜びや悲しみは、大勢で、みんな一緒に味わおう」という文化があります。

まとめ会話

自己紹介、好きなものや嫌いなものを言うフレーズ、感情を表すフレーズをおさらいしましょう。自分を知ってもらうことは、親しくなるための第一歩です。

scene 1 ♪ 2-19　　韓国で出会った初対面の人から質問をされ、簡単な自己紹介をすることになりました。

イ ル ミ　ムォ エ　ヨ
이름이 뭐예요?
名前は何ですか？

チョ ヌン　ニッ タ　　リ エ エ ヨ
저는 닛타 리에예요.
イルボン　オ サ カ エ ソ　ワッ ソ　ヨ
일본 오사카에서 왔어요.
私は新田理絵といいます。
日本の大阪から来ました。

ナ イ ガ　オッ ト ケ　トゥェ セ　ヨ
나이가 어떻게 되세요?
何歳でいらっしゃいますか？

ナ イ ヌン　ピ ミ リ エ ヨ
나이는 비밀이에요.
年はヒミツです。

ハン グ グン　チョ ウ ミ エ ヨ
한국은 처음이에요?
韓国は初めてですか？

トゥ　ボンッチェ エ　ヨ
두 번째예요.
2回目です。

チョヌン コル グ ルッ ペ ニ エ ヨ
저는 걸그룹 팬이에요.

私はガールズグループのファンです。

コン ソ トゥ ド カッツ ヨ
콘서트도 갔어요?

コンサートにも行きましたか?

ムル ロ ニ エ ヨ ペンクルロ ベ ド カ イ ペッツ ヨ
물론이에요. 팬클럽에도 가입했어요.

もちろんですよ。ファンクラブにも所属しています。

チョヌン ケイパプ チュンエソン トゥ キ パル ラ ドゥ ガ チョ ア ヨ
저는 K-POP 중에선 특히 발라드가 좋아요.

私はK-POPの中では特にバラードが好きです。

ク レ ヨ チョヌン パル ラ ドゥヌン クニャン ク レ ヨ
그래요? 저는 발라드는 그냥 그래요.

そうですか? 私はバラードはまあまあです。

ハングク トゥ ラ マ ルル チョ ア ヘ ヨ
한국 드라마를 좋아해요?

韓国ドラマが好きですか?

ネ ハングク トゥ ラ マ チュェゴ エ ヨ
네. 한국 드라마 최고예요.

はい。韓国ドラマは最高です。

第2章

「自己表現・感情表現」で使えるフレーズ

scene **3** ♪ 2-21 友達とうれしいことや悲しいことについて話しています。

ム スン ニ リ ッソ ヨ
무슨 일 있어요?

何かあったんですか?

トゥ ディ オ チュ エ ガ チェ デ ヘ ヨ
드디어 최애가 제대해요.

ついに推しが除隊します。

チョンマル チャルドゥエッソ ヨ
정말 잘됐어요.

本当によかったですね。

ネ チョンマル キ デ ドゥェ ヨ
네, 정말 기대돼요.

はい、すごく楽しみです。

ブ ロ ウォ ヨ チョヌン チ グム ノ ム マ ウ ミ ア パ ヨ
부러워요. 저는 지금 너무 마음이 아파요.
チン グ オ モ ニ ガ ト ラ ガショッテ ヨ
친구 어머니가 돌아가셨대요.

うらやましいです。私はいま、とても心を痛めています。
友達のお母さんが亡くなったそうなんです。

チョンマルリョ アンドゥェンネ ヨ
정말요? 안됐네요.

本当ですか? かわいそうですね。

ネ チョ ド チュンギョ ギ オ ッソ ヨ
네. 저도 충격이었어요.

はい。私もショックでした。

第 3 章

「旅行・観光」で
使えるフレーズ

夜景を背景に

景色がとてもいいですね。
경치가 너무 좋아요.
キョンチ ガ ノ ム チョア ヨ

来てよかったー。
오길 잘했다 ～.
オ ギル チャレッ ター

一緒に写真を撮りましょう。
같이 사진 찍어요.

夜景がとてもきれいです。
야경이 너무 예뻐요.

ホテルにて

チェックインお願いします。
체크인 부탁합니다.

前田ゆかりで予約をしています。
마에다 유카리로 예약했어요.

場所・所在を尋ねる

1 롯데호텔이 어디예요?

ロッテホテリ オディエヨ

ロッテホテルはどこですか？

行きたい場所の単語に入れ替えて使うことができます。[参考]「화장실 ファジャンシル (トイレ)」「지구대 チグデ [地区隊] (交番)」「안내소 アンネソ (案内所)」「지하철역 チハチョルリョク(地下鉄の駅)」「택시 타는 곳 テクシ タヌン ゴッ(タクシー乗り場)」

2 김은 어디서 팔아요?

キ ムン オ ディ ソ パ ラ ヨ

海苔はどこで売っていますか？

買いたい物に「어디서 팔아요？ オディソ パラヨ (どこで売っていますか？)」を付けるだけで、探しているものを尋ねることができます。[参考]「물 ムル (水)」「화장품 ファジャンプム (化粧品)」「티머니 ティモニ (T-money)」

3 여기가 어디예요?

ヨ ギ ガ オ ディ エ ヨ

ここはどこですか？

マップを見ながら来たのに、目的地が見当たらない。「この辺りなんだけど……」というときに、マップを指さしながらこう言ってみましょう。韓国人は親切で世話好きの人が多いので、きっと教えてくれるでしょう。

4 길을 잘 모르겠는데요.

キ ルル チャル モ ル ゲン ヌン デ ヨ

道に迷ってしまいました。

直訳は「道がよくわからないのですが」。道に迷ってしまいどうしたらいいかわからないときに使います。続けて「(地図を指さしながら) 여기에 가고 싶어요. ヨギエ カゴ シポヨ (ここに行きたいです)」などと言うといいでしょう。

5 죄송한데요, 가로수길 아세요?
<small>チュェソン ハン デ ヨ　カ ロ ス キル　ア セ ヨ</small>

　すみませんが、カロスキルをご存じですか？

目的の場所を尋ねたいとき、道案内をお願いしたいときなど、「○○ 아세요？ ○○ アセヨ（○○ご存じですか？）」と聞きましょう。最初に「죄송한데요 チュェソン ハンデヨ（すみませんが）」を付けるだけで唐突さが和らぎます。

6 근처에 맛집 있어요?
<small>クン チョ エ　マッ チ　ビッソ ヨ</small>

　近くにおいしいお店はありますか？

ホテル、街中で使えるフレーズです。「근처 クンチョ」は「近所、近く」、「맛집 マッチヮ」は「料理の味が良いお店」の意味。参考「PC방 ピシバン（インターネットカフェ）」「카페 カペ（カフェ）」「서점 ソジョム（書店）」

7 짐 맡기는 데 있어요?
<small>チム　マッ キ ヌン　デ　イッソ ヨ</small>

　荷物を預けるところはありますか？

百貨店でたくさん買い物をしたときや、ホテルのチェックイン前、チェックアウト後に使えるフレーズです。関連「짐 맡길 수 있어요？ チム マッキル ス イッソヨ（荷物を預けられますか？）」

8 몇 층에 있어요?
<small>ミョッ チュン エ　イッソ ヨ</small>

　何階にありますか？

ホテル、百貨店、ショッピングビルなどいろいろな場面で使えます。参考「지하 1층 チハ イルチュン（地下1階）」「1층 イルチュン（1階）」「2층 イチュン（2階）」「3층 サムチュン（3階）」「4층 サチュン（4階）」「5층 オチュン（5階）」

道・手段を尋ねる

♪ 3-03

9 남대문에 어떻게 가야 합니까?
ナム デ ム ネ　オットケ　カ ヤ　ハム ニッカ

南大門にはどうやって行けばいいのですか？

「가야 합니까? カヤ ハムニッカ（行かなければいけませんか？）」を使うのがポイント。目的地の発音が難しいときは、地図を指さして「여기에 어떻게 가야 합니까? ヨギエ オットケ カヤ ハムニッカ（ここにどうやって行けばいいですか？）」と言いましょう。

10 여기에서는 택시, 지하철 뭐가 좋을까요?
ヨ ギ エ ソ ヌン　テク シ　チ ハ チョル ムォ ガ　チョ ウル ッカ ヨ

ここからはタクシーと地下鉄どっちがいいですか？

参考 「버스 ボス（バス）」「리무진 버스 リムジン ボス（リムジンバス／空港バス）」「고속버스 コソクボス（高速バス）」「KTX ケイティエクス（KTX）」「기차 キチャ（汽車）」「비행기 ビヘンギ（飛行機）」

11 걸어서 갈 수 있어요?
コ ロ ソ　カル ス　イッ ソ ヨ

歩いて行けますか？

目的地までの距離感を知りたいときに使えます。返答例としては「충분히 걸어갈 수 있어요. チュンブニ コロガル ス イッソヨ（充分歩いて行けます）」「걸어서 15분 정도예요. コロソ シボブン ジョンドエヨ（歩いて15分くらいです）」など。

12 똑바로 가면 돼요?
ットク バ ロ　カ ミョン トゥェ ヨ

まっすぐ行けばいいですか？

参考 「오른쪽으로 オルンッチョグロ（右に）」「왼쪽으로 ウェンッチョグロ（左に）」「끝까지 ックッカジ（[直訳] 最後まで→突き当たりまで）」「쭉 가다 ッチュッ カダ（ずーっとまっすぐ行く）」

13 지하철역이 어디예요?
チ ハ チョルリョ ギ オ ディ エ ヨ

地下鉄の駅はどこですか？

参考「매표소 メピョソ（切符売り場）」「표 파는 곳 ピョ パヌン ゴッ（[直訳]切符を売るところ→切符売り場）」「타는 곳 タヌン ゴッ（[直訳]乗るところ→ホーム）」「개표구 ケピョグ（改札口）」

14 여기 1호선 맞아요?
ヨ ギ イ ロ ソン マ ジャ ヨ

1号線はここでいいですか？

ソウルの地下鉄は1号線のほかに「2호선 イホソン（2号線）」「3호선 サモソン（3号線）」「4호선 サホソン（4号線）」「5호선 オホソン（5号線）」「분당선 プンダンソン（盆唐線）」などの各線があり、それぞれ色分けされています。

15 티머니 카드는 어디서 살 수 있어요?
ティ モ ニ カ ドゥ ヌン オ ディ ソ サル ス イッツ ヨ

T-moneyはどこで買えますか？

「T-money」は地下鉄、バスで切符代わりに使えるチャージ式のICカードで、旅行者も気軽に使えます。関連「표는 어디서 살 수 있어요? ピョヌン オディソ サル ス イッソヨ（切符はどこで買えますか？）」

16 3만 원 충전해 주세요.
サン マ ヌォン チュンジョ ネ ジュ セ ヨ

3万ウォンチャージしてください。

交通系電子マネーのT-moneyカードなどにチャージする際、使えるフレーズです。地下鉄の駅やコンビニでチャージができます。T-moneyカードは交通カードとしてだけでなく、コンビニなどでの買い物でも使うことができます。

♪ 3-05

17 공항철도 타는 곳이 어디예요?
コン ハンチョルト タ ヌン ゴ シ オ ディ エ ヨ

空港鉄道の乗り場はどこですか？

大きい駅などは乗り場がよくわからないこともあります。そんなときに使えるフレーズです。改札口近くの「고객안내센터 コゲガンネセント（顧客案内センター）」で尋ねてもいいでしょう。

18 아홉 시 십오 분 부산행 KTX 어른 두 장 주세요.
ア ホプ シ シ ボ プン ブ サ ネン ケイティエクス オルン トゥ ジャン ジュ セ ヨ

9時15分釜山行きKTX、大人2枚お願いします。

「〜行き」の韓国語は「－행 ヘン」。参考「어린이 オリニ（子ども〈小人〉）」「학생 ハクセン（学生〈中学生以上〉）」「편도요. ピョンドヨ（片道です）」「왕복이요. ワンボギヨ（往復です）」

19 어디서 갈아타야 해요?
オ ディ ソ カ ラ タ ヤ ヘ ヨ

どこで乗り換えればいいですか？

「갈아타다 カラタダ（乗り換える）」という単語は覚えておきましょう。韓国の地下鉄は案内板で乗り換えを誘導してくれます。関連「어디서 내려야 해요? オディソ ネリョヤ ヘヨ（どこで降りればいいですか？）」

20 할아버지, 여기 앉으세요.
ハ ラ ボ ジ ヨ ギ アンジュ セ ヨ

おじいさん、どうぞお座りください。

「おばあさん」は「할머니 ハルモニ」。儒教文化が根強く残る韓国は、年配者、年長者に席を譲るのはあたりまえ。それほど年寄りに見えない人に席を譲っても失礼にはあたりません。「앉으세요. アンジュセヨ（お座りください）」だけでもOKです。

バスで

///

21 이 버스 명동에 가요?
イ ボ ス ミョンドン エ カ ヨ

> このバスは明洞に行きますか？

///

旅行者にとって市内バスを利用するのは難しい部分もありますが、ホテルのフロントで詳しく聞くなどして利用すれば乗れないことはありません。バスに乗るとき、運転手にこのように聞くと降りる場所で教えてくれることもあります。

///

22 다음 버스는 몇 시예요?
タ ウム ボ ス ヌン ミョッ シ エ ヨ

> 次のバスは何時ですか？

///

空港やホテルで、リムジンバスの時間を尋ねるときなどに使えるフレーズです。「차 チャ（車〈バス、地下鉄など〉）」「비행기 ピヘンギ（飛行機）」「공연 コンヨン（公演）」などに置き換えれば、別のシチュエーションでも使えます。

///

23 출발 시간이 언제예요?
チュルバル シ ガ ニ オンジェ エ ヨ

> 出発時間はいつですか？

///

バスが待機しているときなど、出発時間を確認したいときに使えるフレーズです。
関連「도착 시간이 몇 시예요? トチャク シガニ ミョッ シエヨ（到着時間は何時ですか？）」「몇 시에 출발해요? ミョッ シエ チュルバレヨ（何時に出発しますか？）」

column

「マップのアプリ」

旅行の際、地図アプリは欠かせません。日本では、Googleマップがよく使われていますが、韓国では「네이버 지도 ネイボ ジド（Naver地図）」と「카카오맵 カカオメプ（カカオマップ）」がよく使われています。日本語バージョンもあり、使い方は難しくありません。目的地までかかる時間はもちろん、次の電車やバスがいつ来るかなども教えてくれます。ナビゲーション機能を利用すれば、地図が読めなくても迷うことなく着くでしょう。

タクシーで

♪ 3-07

24 신라호텔 부탁합니다.
シル ラ ホ テ ル　ブ タ カ ム ニ ダ

新羅ホテルまでお願いします。

場所に「부탁합니다. ブタカムニダ（お願いします）」を付けるだけで、行きたい場所を伝えられます。「까지 ッカジ（まで）」を付け、「프라자호텔까지 부탁합니다. プラジャホテルッカジ ブタカムニダ（プラザホテルまでお願いします）」と言っても大丈夫です。

25 여기로 가 주세요.
ヨ ギ ロ　カ ジュ セ ヨ

ここに行ってください。

目的地の発音がうまく言えないときなど、ガイドブックや地図を指さしながら言うことができます。「여기까지 가 주세요. ヨギッカジ カ ジュセヨ（ここまで行ってください）」という言い方もあります。

26 난타 극장 아세요?
ナン タ　ククチャン　ア セ ヨ

ナンタ劇場をご存じですか？

タクシーの運転手に、その場所を知っているかどうか確認するときなどに使えます。「네, 알아요. ネ アラヨ（はい、知っています）」「몰라요. モルラヨ（知りません）」などの返答があるでしょう。大きくうなずいてくれることもあります。

27 시간이 얼마나 걸려요?
シ ガ ニ　オルマ ナ　コル リョ ヨ

時間はどれくらいかかりますか？

空港に着きたい時間に間に合うかハラハラして仕方がない、そんなとき、タクシーやバスの運転手に聞くことができるフレーズです。「얼마 후에 도착해요? オルマ フエ トチャケヨ（あとどれくらいで到着しますか？）」と言うこともできます。

28 기사님, 여기서 내릴게요!

キ　サ　ニム　　ヨ　ギ　ソ　　ネ　リル　ケ　ヨ

運転手さん、ここで降ります！

タクシーやバスの運転手への呼びかけは、「아저씨 アジョッシ（おじさん）」より
も、「기사님 キサニム（[直訳]技士様）」を使うのがよいでしょう。呼びかけると
きは、勇気を持って大きい声で言いましょう。

29 저기서 세워 주세요.

チョ　ギ　ソ　　セ　ウォ　ジュ　セ　ヨ

そこで止めてください。

「여기서 내려 주세요. ヨギソ ネリョ ジュセヨ（ここで降ろしてください）」とも
言えます。「저기 횡단보도 앞에서요. チョギ フェンダンボド アペソヨ（そこの
横断歩道の手前です）」など、具体的な場所を言ってもよいでしょう。

30 미터기 켜 주세요.

ミ　ター　ギ　　キョ　ジュ　セ　ヨ

メーターを降ろしてください。

出発したのにメーターを降ろしていないようだ……、そんなときに使えるフレーズで
す。また、降りるときなかなかメーターを止めてくれないようなときは「미터기 꺼
주세요. ミトギ ッコ ジュセヨ（メーターを止めてください）」と言うとよいでしょう。

31 트렁크 열어 주세요.

トゥ　ロン　ク　　ヨ　ロ　ジュ　セ　ヨ

トランクを開けてください。

スーツケースなどの大荷物を持ってタクシーに乗るとき、降りるときに使えるフレー
ズです。荷物が持ち上がらず手伝ってほしい、そんなときは「좀 도와주세요. チョム
トワジュセヨ（ちょっと手伝ってください）」と言うとよいでしょう。

32 요금이 이상한데요.
ヨ グ ミ イ サン ハン デ ヨ

料金がおかしいです。

「비싼 것 같은데요. ピッサン ゴッ カトゥンデヨ（高いようですが）」と言うことも
できます。タクシーだけでなく、市場でのショッピング、屋台などでも使えます。
明らかにおかしいと思ったら、勇気を出して言ってみましょう。

33 카카오 T로 예약했는데 이 차 맞나요?
カ カ オ ティ ロ イェ ヤ ケン ヌン デ イ チャ マン ナ ヨ

カカオTで予約したのですが、この車で合ってますか？

日本同様、アプリでタクシーを呼ぶことが主流になってきました。関連「앱으로
예약했는데 이 차 맞나요? エブロ イェヤケンヌンデ イ チャ マンナヨ（アプリで
予約したのですが、この車で合ってますか？）」

34 현금으로 내도 돼요?
ヒョン グ ム ロ ネ ド トゥェ ヨ

現金で払ってもいいですか？

タクシーに乗る際、現金しかないときに使えるフレーズです。最近、キャッシュレ
スのタクシーが多くなってきたので、もし現金はダメと言われたら、「그럼 내릴게
요. クロム ネリルケヨ（では、降ります）」と言いましょう。

35 잔돈 다 주세요.
チャンドン タ ジュ セ ヨ

お釣り全部ください。

お釣りが足りないときに勇気を持って言いましょう。「잔돈이 모자라요. チャンド
ニ モジャラヨ（お釣りが足りません）」「거스름돈 왜 안 주세요? コスルムトン
ウェ アン ジュセヨ（お釣りをどうしてくれないのですか？）」とも言えます。

観光で

36 경치가 너무 좋아요.
キョン チ ガ ノ ム チョ ア ヨ

景色がとてもいいですね。

素晴らしい景色を見たら、感情を込めて言いましょう。関連「공기가 너무 좋아요.
コンギガ ノム チョアヨ（空気がとてもいいです）」「날씨가 너무 좋아요. ナルッ
シガ ノム チョアヨ（天気がとてもいいです）」

37 야경이 너무 예뻐요.
ヤ ギョン イ ノ ム イェ ッポ ヨ

夜景がきれいです。

「예쁘다 イェップダ」には「かわいい」という意味だけでなく、景色などについて
言う「きれいだ」の意味もあります。「아름답다 アルムダプタ（美しい）」は文語的
な表現なので、会話ではあまり使いません。

38 대전에도 한번 가 보고 싶어요.
テ ジョ ネ ド ハン ボン カ ボ ゴ シ ボ ヨ

大田にも一度行ってみたいです。

まだ行ったことがないけれど、行ってみたいところがある、そんな会話の中で使え
るフレーズです。関連「경주에는 가 본 적이 없어요. キョンジュエヌン カ ボン
ジョギ オプソヨ（慶州には行ったことがありません）」

39 오길 잘했다～.
オ ギル チャ レッ ター

来てよかったー。

観光地やコンサートなど、この場所に来てよかった、そんな感動を表すときに使え
るフレーズです。その場所にいるときは上記のように言い、帰ってきてからは「가
길 잘했어. カギル チャレッソ（行ってよかった）」と言うとよいでしょう。

40 여기서 사진 찍어도 돼요?
ヨ ギ ソ サ ジン ッチ ゴ ド トゥェ ヨ

ここで写真を撮ってもいいですか？

韓国は思いがけないところが軍事施設だったりするので、覚えておきたいフレーズです。例えば、地下鉄は有事のときには防空壕になるので撮影禁止です。そのほか、お店の中など「写真を撮ってもいいかな」と思ったら聞いてみるといいでしょう。

41 사진 좀 찍어 주시겠어요?
サ ジン ジョム ッチ ゴ ジュ シ ゲッ ソ ヨ

写真を撮っていただけますか？

誰かにシャッターを押してもらいたいときに使えるフレーズです。関連「이 버튼을 누르면 돼요. イ ボトゥヌル ヌルミョン トゥェヨ（このボタンを押せば大丈夫です）」

42 같이 사진 찍어요.
カ チ サ ジン ッチ ゴ ヨ

一緒に写真を撮りましょう。

店員さんや友達と記念写真を撮りたいときに使えるフレーズです。明るい表情とトーンで、「一緒に写真におさまりたい」という気持ちを出しましょう。「같이 사진 찍을까요? カチ サジン ッチグルッカヨ（一緒に写真撮りませんか?）」とも言えます。

43 나중에 사진 보내게 메일 주소 알려 주세요.
ナ ジュン エ サ ジン ボ ネ ゲ メ イル ジュ ソ アル リョ ジュ セ ヨ

あとで写真を送るので、メールアドレスを教えてください。

一緒に撮った写真を記念に相手にも送りたい、そんなときに使えるフレーズです。メモを差し出しながら言うとよいでしょう。関連「나중에 사진 보낼게요. ナジュンエ サジン ボネルケヨ（あとで写真を送ります）」

ホテルの受付で

44 체크인 부탁합니다.
チェ ク イン ブ タ カ ム ニ ダ

> チェックインお願いします。

まず「안녕하세요? アンニョンハセヨ（こんにちは）」と言ったあとに言ってもいいでしょう。関連「체크아웃 부탁합니다. チェクアウッ ブタカムニダ（チェックアウトお願いします）」

45 마에다 유카리로 예약했어요.
マ エ ダ ユ カ リ ロ イェ ヤ ケッ ツ ヨ

> 前田ゆかりで予約をしています。

「예약하셨습니까? イェヤカショッスムニッカ（ご予約されましたか？）」「성함이 어떻게 되십니까? ソンハミ オットケ トゥェシムニッカ（お名前を教えていただけますか？）」などの質問をされることもあるでしょう。

46 일본어 할 수 있는 스태프 있어요?
イル ボ ノ ハル ス インヌン ス テ プ イッ ツ ヨ

> 日本語が話せるスタッフはいますか？

ホテルの受付に限らず、日本からホテルやプチ留学先の語学スクールに問い合わせをするときなど、韓国語だけの対話では不安、というようなときに使えるフレーズです。参考「영어 ヨンオ(英語)」「중국어 チュングゴ(中国語)」

 column

「楽しい宿泊先選び」
普通の旅行は観光ホテル、節約したい人は旅館というのが、一昔前の韓国旅行のスタイルでしたが、いまではソウルを中心にさまざまな宿があります。おしゃれでリッチな気分が味わえるデザイナーズホテル、長期滞在型のレジデンス、韓国の家庭の雰囲気が味わえるゲストハウス、清潔感ある民宿やモーテルなど、その種類はいろいろ。韓国観光旅行ガイドサイトの「SEOUL navi」には、それらの宿が取材記事や写真付きで紹介されています。自分にぴったりの宿を見つけてみましょう。

47 조식은 몇 시예요?

チョ シ グン ミョッ シ エ ヨ

朝食は何時ですか？

朝食ビュッフェが始まる時間が知りたいときに使えるフレーズです。「조식은 몇 시부터예요? チョシグン ミョッ シブトエヨ（朝食は何時からですか？）」とも言えます。参考「점심 チョムシム（昼食）」「저녁 チョニョク（夕食）」

48 귀중품을 맡기고 싶은데요.

クィジュン ブ ムル マッ キ ゴ シ ブン デ ヨ

貴重品を預けたいのですが。

部屋に金庫がない、また、貴重品を部屋に置いておいたり持ち歩いたりするのが不安、そんなときに使えるフレーズです。「짐을 맡기고 싶은데요. チムル マッキゴ シブンデヨ（荷物を預けたいのですが）」と言うこともできます。

49 택시 좀 불러 주세요.

テク シ ジョム ブル ロ ジュ セ ヨ

タクシー呼んでください。

ホテルのフロントやドアマン、または比較的高級なレストランなどで使えるフレーズです。「택시를 불러 주시겠어요? テクシルル プルロ ジュシゲッソヨ（タクシーを呼んでいただけますか？）」とお願いすることもできます。

50 환전하고 싶은데요.

ファンジョ ナ ゴ シ ブン デ ヨ

両替したいのですが。

中規模以上の観光ホテルでは両替できるところが多いです。「환전 ファンジョン（両替）」の発音が難しい場合は、お金を出しながら「원으로 바꾸고 싶은데요. ウォヌロ パックゴ シブンデヨ（ウォンに替えたいのですが）」と言ってもいいでしょう。

ホテルのサービス

51 빨래 부탁할게요.
ツパルレ　ブ　タ　カル　ケ　ヨ

洗濯お願いします。

レジデンス式のホテルなどでランドリールームを利用するときは「세탁기는 어디에 있어요? セタッキヌン オディエ イッソヨ（洗濯機はどこにありますか？）」「세제는 없어요? セジェヌ ノプソヨ（洗剤はありませんか？）」などが使えます。

52 룸서비스를 주문하고 싶어요.
ルム　ソ　ビ　ス　スル　チュ　ム　ナ　ゴ　　シ　ボ　ヨ

ルームサービスを注文したいです。

ルームは［ルム］と早口で言うのがポイント。サービスも［ソビス］という発音になるので注意しましょう。関連「아침 식사는 룸서비스로 부탁합니다. アチム シク サヌン ルムソビスロ プタカムニダ（朝食はルームサービスでお願いします）」

53 먹은 것을 치워 주세요.
モ　グン　　ゴ　スル　チ　ウォ　ジュ　セ　ヨ

食べたものを片付けてください。

レストランでお腹いっぱいになった、ルームサービスの食事を終えた、そんなときに使います。「치우다 チウダ」は「片付ける、整理整頓する」という意味。「여기 치워 주시겠어요? ヨギ チウォ ジュシゲッソヨ（ここ片付けていただけますか？）」でもOK。

54 시트를 교환해 주시겠어요?
シ　トゥ　ルル　　キョ　ファ　ネ　　ジュ　シ　ゲッ　ソ　ヨ

シーツを交換していただけませんか？

シーツは［シトゥ］という発音になるのがポイント。「교환해 주시겠어요? キョ ファネ ジュシゲッソヨ（換えていただけますか？）」はいろいろなところで使えるフレーズです。参考「수건 スゴン（タオル）」「접시 チョプシ（お皿）」

55 뜨거운 물 좀 주세요.
ットゥ ゴ ウン　 ムル　 ジョム　ジュ セ ヨ

熱いお湯をください。

ホテルの部屋に湯沸かし器がないけれど、部屋でカップラーメンが食べたい、赤ちゃんのミルクを作りたい、そんなときに使えるフレーズです。参考「차가운 물 チャガウン ムル（冷たい水）」「얼음 オルム（氷）」

56 와이파이를 이용하고 싶은데요.
ワ イ パ イ ルル　 イ ヨン ハ ゴ　 シ プン デ ヨ

Wi-Fiを利用したいのですが。

ホテルをはじめ、食堂やコーヒーショップ、バスなど、Wi-Fiを無料で使える場所が多いです。「와이파이 비번이 뭐예요? ワイパイ ビボニ ムォエヨ（Wi-Fiのパスワードは何ですか？）」と聞いてもいいでしょう。

57 마사지를 예약하고 싶은데요.
マッ サ ジ ルル　 イェ ヤ カ ゴ　 シ プン デ ヨ

エステを予約したいのですが。

エステ全般を韓国では「마사지 マサジ（マッサージ）」と書き、[맛사지 マッサジ]と発音します。関連「마사지 받을 수 있어요? マッサジ パドゥル ス イッソヨ（[直訳] マッサージ受けられますか？→エステできますか？）」

58 냉장고는 안 썼어요.
ネンジャン ゴ ヌン　 アン　 ッソッ ッソ ヨ

冷蔵庫は使っていません。

関連「냉장고에는 손 안 댔어요. ネンジャンゴエヌン ソ ナン デッソヨ（[直訳] 冷蔵庫には手を付けていません→冷蔵庫は使っていません）」「맥주를 마셨어요. メクチュルル マショッソヨ（ビールを飲みました）」

59　잘 잤어요.
チャル　ジャッソ　ヨ

よく眠れました。

「안녕히 주무셨습니까? アンニョンヒ ジュムショッスムニッカ（よくお休みにな
られましたか？）」と聞かれることもあるでしょう。関連「푹 잤어요. プク チャッ
ソヨ（ぐっすり眠れました）」

60　잠자리가 좀 불편했어요.
チャムチャ リ ガ ジョム プル ピョ ネッツ ヨ

寝心地が悪かったです。

直訳は「寝床がちょっと不便でした」。枕の高さが合わなかった、ベッドの固さが
合わなかった、そんなときに使えるフレーズです。関連「더워서 잘 수가 없었어요.
トウォソ チャル スガ オプソッソヨ（暑くて眠れませんでした）」

61　흥분돼서 잠이 안 오더라고요.
フン ブンドゥェ ソ　チャ ミ　ア　ノ ド ラ ゴ ヨ

興奮してなかなか寝つけませんでした。

旅行で気分が浮わついていたり、イベント前後などの高揚感からなかなか寝つけなかっ
た……、そんなときに使えるフレーズです。なぜか目が冴えて眠れなかったときは「왠
지 잠이 안 왔어요. ウェンジ チャミ ア ヌァッソヨ（なぜか寝つけませんでした）」。

62　나갔다 올게요.
ナ ガッタ　オル ケ ヨ

出掛けてきます。

廊下でハウスキーパーとすれ違ったときや、フロントに鍵を預けて出掛けるときな
どに使えるフレーズです。パンマルは「나갔다 올게. ナガッタ オルケ（行ってく
るね）」。

まとめ会話

旅行の移動時に使えるフレーズ、ホテルでの会話などをおさらいしましょう。自分が
旅行している気分で練習してみましょう。

scene 1 ♪ 3-17　通りすがりの人に道を尋ね、どのくらいかかるかも聞いて
みます。

チュェソンハンデ ヨ　　カ ロ ス キル　ア セ ヨ
죄송한데요, 가로수길 아세요?
すみませんが、カロスキルをご存じですか？

ネ　　ヨ ギ ソ ットパ ロ　カミョン トゥェ ヨ
네, 여기서 똑바로 가면 돼요.
はい、ここからまっすぐ行けば大丈夫です。

コ ロ ソ　カル ス　イッソ ヨ
걸어서 갈 수 있어요?
歩いて行けますか？

ムル ロ ニ エ ヨ　チュンブ ニ　コ ロガル ス　イッソ ヨ
물론이에요. 충분히 걸어갈 수 있어요.
もちろんです。充分歩いて行けます。

シ ガ ニ　オル マ ナ　コルリョ ヨ
시간이 얼마나 걸려요?
時間はどれくらいかかりますか？

シッ プン ジョンド　コルリル　コ エ ヨ
10분 정도 걸릴 거예요.
10分くらいかかります。

ホテルでフロント係と、設備やサービスについて話しています。

チョ シ グン ミョッ シ エ ヨ
조식은 몇 시예요?

朝食は何時ですか？

チョ シ グン ヨソッシ バン ブ ト イム ニ ダ
조식은 6시 반부터입니다.

朝食は6時半からです。

ネ アルゲッスム ニ ダ ク ロン デ ファンジョナ ゴ シ ブン デ ヨ
네, 알겠습니다. 그런데 환전하고 싶은데요.

はい、わかりました。それと両替したいのですが。

ファンジョヌン ホ テ ラ ネ インヌン ウ ネン エ ソ ハル ス イッスム ニ ダ
환전은 호텔 안에 있는 은행에서 할 수 있습니다.

両替はホテルの中にある銀行でできます。

ワ イ パ イルル イ ヨン ハ ゴ シ ブン デ ヨ
와이파이를 이용하고 싶은데요.

Wi-Fiを利用したいのですが。

ビ ボ ヌン バン エ ッス ヨ イッスム ニ ダ
비번은 방에 쓰여 있습니다.

パスワードはお部屋に書かれています。

イル ボ ノ ハル ス インヌン ス テ ブ イッソ ヨ
일본어 할 수 있는 스태프 있어요?

日本語が話せるスタッフはいますか？

ネ チャムシ マン キ ダ リョ ジュ シ プ シ オ
네, 잠시만 기다려 주십시오.

はい、少々お待ちください。

scene **3** | ♪ 3-19 | 旅行先でお友達と待ち合わせをし、行き先を決めて移動します。

オ ジェ プク チャッソ ヨ
어제 푹 잤어요?

昨日ぐっすり眠れましたか？

ウーム　　　　　チャムチャリ ガ ジョム プルピョ ネッソ ヨ
음……, 잠자리가 좀 불편했어요.

うーん、寝心地が悪かったです。

ク ロ クンニョ　　オ ヌル オディ エ カルッカ ヨ
그렇군요. 오늘 어디에 갈까요?

そうでしたか。今日はどこに行きましょうか？

ナン タ ククチャン ア セ ヨ
난타 극장 아세요?

ナンタ劇場をご存じですか？

ネ　チョド ナンタ　ククチャンエ ハンボン カ ボ ゴ　シ ボッソ ヨ
네. 저도 난타 극장에 한번 가 보고 싶었어요.

はい。私もナンタ劇場に一度行ってみたかったです。

（ホテルの出入口で）

テク シ ルル プル ロ ジュ セ ヨ
택시를 불러 주세요.

タクシーを呼んでください。

キ サ ニム　　ナン タ　ククチャンウ ロ　カ ジュ セ ヨ
기사님, 난타 극장으로 가 주세요.

運転手さん、ナンタ劇場 に行ってください。

（ナンタ劇場の手前で）

ア　ナンタ　ククチャンイ　ポ ヨ ヨ
아! 난타 극장이 보여요.

キ サ ニム　チョ ギ ソ　セ ウォ ジュ セ ヨ
기사님, 저기서 세워 주세요.

あ！ ナンタ劇場が見えます。運転手さん、そこで止めてください。

第 4 章

「食事・ショッピング」で
使えるフレーズ

お店を決める

1 뭐 먹을까요? — 전 아무거나 괜찮아요.
ムォ モ グル ッカ ヨ　チョ ナ ム ゴ ナ クェンチャ ナ ヨ

何食べますか？ —— 私は何でもいいです。

「뭐 먹고 싶어요？ ムォ モッコ シボヨ（何食べたいですか？）」と尋ねることも
できます。関連「오늘은 부대찌개가 먹고 싶어요. オヌルン プデッチゲガ モッ
コ シボヨ（今日はプデチゲが食べたいです）」

2 못 먹는 거 있어요?
モン モン ヌン ゴ イ ッソ ヨ

好き嫌いはありますか？

直訳は「食べられないものはありますか？」。関連「저는 음식을 안 가려요. チョ
ヌン ウムシグル アン ガリョヨ（私は好き嫌いがありません）」「매운 건 못 먹어
요. メウン ゴン モン モゴヨ（辛いものは食べられません）」

3 한국의 전통적인 집으로 가고 싶어요.
ハン グ ゲ チョントン ジョギン ジ ブ ロ カ ゴ シ ボ ヨ

韓国の伝統的なお店に行ってみたいです。

宮廷料理のような高級な「한정식 ハンジョンシク（韓定食）」レストランはもちろ
ん、仁寺洞にある「전통 찻집 チョントン チャッチブ（伝統茶屋）」「전통 술집
チョントン スルチブ（昔風の韓国式居酒屋）」などに行きたいときに使えます。

4 귀찮으니까 그냥 시켜 먹어요.
クィ チャ ヌ ニ ッカ ク ニャン シ キョ モ ゴ ヨ

面倒だから出前にしましょう。

「시켜 먹다 シキョ モクタ」の直訳は「注文して食べる」ですが、「出前を取る」と
いう意味になります。「귀찮으니까 그냥 배달시킬까요？ クィチャヌニッカ クニャ
ン ペダルシキルッカヨ（面倒だから宅配にしましょうか？）」と言うこともできます。

5 이 가겐 가이드북에 실려 있네요.
イ ガ ゲン カ イ ドゥブ ゲ シル リョ イン ネ ヨ

この店はガイドブックに載っていますね。

店の人に言う場合は「가이드북 보고 왔어요. カイドゥブク ポゴ ワッソヨ（ガイ
ドブックを見て来ました）」とも言えます。関連「책에 나온 음식 있어요? チェゲ
ナオ ヌムシ ギッソヨ（本に出ている食べ物はありますか？）」

6 이 집이 핫플이에요.
イ ジ ビ ハッ プ リ エ ヨ

この店がホットプレイスです。

「핫플 ハップル」は「핫 플레이스 ハッ プルレイス（Hot place ホットプレース）」
の縮約形で、人がたくさん集まる場所という意味です。飲食店、雑貨店、公園など、
人気のある場所ならどこでも使えます。

7 자리 있어요?
チャ リ イ ッソ ヨ

すぐに入れますか？

直訳は「席ありますか？」。「빈자리 있어요? ピンジャリ イッソヨ（席空いてます
か？）」とも言えます。返事例は、「네, 어서 오세요. ネ オソ オセヨ（はい、お
入りください）」「지금 만석이에요. チグム マンソギエヨ（今満席です）」など。

8 런치 아직 해요?
ロン チ ア ジ ケ ヨ

ランチまだやってますか？

関連「거기 몇 시부터 해요? コギ ミョッ シブト ヘヨ（そちらは何時からです
か？）」「여기〈거기〉몇 시까지 해요? ヨギ〈コギ〉ミョッ シッカジ ヘヨ（ここ
は〈そちらは〉何時までですか？）」

9 여기로 하죠.
ヨ ギ ロ ハ ジョ

ここにしましょう。

カフェ、レストランなど、入るところを決めたときに使えます。関連「여기 괜찮은 것 같네요. ヨギ クェンチャヌン ゴッ カンネヨ（ここよさそうですね）」「여기로 해도 돼요? ヨギロ ヘド トゥェヨ（ここでもいいですか?）」

10 테이블석이 좋아요.
テ イ ブル ソ ギ チョ ア ヨ

テーブル席がいいです。

「あそこに見える席に座りたい」というようなときは、そちらを示しながら「저기 앉아도 돼요? チョギ アンジャド トゥェヨ（あそこに座ってもいいですか?）」と言いましょう。

11 개인실 있어요?
ケ イン シ リッ ソ ヨ

個室はありますか?

電話での予約の際などにも使えるフレーズです。個室のあるお店は日本ほど多くありませんが、焼肉店などは比較的個室が多い傾向にあります。関連「조용한 자리로 주세요. チョヨンハン ジャリロ ジュセヨ（静かな席にしてください）」

12 흡연실 있어요?
フ ビョン シ リッ ソ ヨ

喫煙室ありますか?

韓国の飲食店は原則として全面禁煙ですが、喫煙室を設置しているところもあるので必要なときは確認しましょう。関連「담배 피울 수 있는 데 있어요? タンベ ピウルス インヌン デ イッソヨ（たばこを吸えるところがありますか?）」

料理の注文

13 주문 받아 주세요.
チュ ムン バ ダ ジュ セ ヨ

注文をお願いします。

「주문할게요. チュムナルケヨ（注文します）」と言うこともできます。離れたところにいる店員さんを呼ぶときは、「여기요. ヨギヨ（すみません）」「저기요. チョギヨ（すみません）」を使います。

14 메뉴판 주세요.
メ ニュ バン ジュ セ ヨ

メニューをください。

欲しいものに「주세요. ジュセヨ（ください）」を付けるだけでOKです。
参考「방석 バンソク（座布団）」「앞접시 アプチョプシ（取り皿）」「수저 スジョ（スプーンと箸）」「물 ムル（お水）」「냅킨 ネプキン（紙ナプキン）」

15 일본어 메뉴판은 없어요?
イル ボ ノ メ ニュ バ ヌ ノプ ソ ヨ

日本語のメニューはありませんか？

欲しいものに「있어요? イッソヨ（ありますか？）」「없어요? オプソヨ（ありませんか？）」を付けて、あるかどうかを尋ねることができます。関連「물수건 있어요? ムルスゴ ニッソヨ（おしぼりはありますか？）」

16 이 집은 뭐가 맛있어요?
イ ジ ブン ムォ ガ マ シッツ ヨ

この店は何がおいしいですか？（おすすめは何ですか？）

何を注文していいかわからないときに使えるフレーズです。「이 집은 뭘 잘해요? イ ジブン ムォル チャレヨ（[直訳]この店は何が上手ですか？→おすすめは何ですか？）」と言うこともできます。

101

17 안 맵게 돼요?
アン メプ ケ トゥェ ヨ

辛くなくできますか?

「안 맵게 해 주세요. アン メプケ ヘ ジュセヨ (辛くないようにしてください)」
と頼める場合もあります。参考「엄청 맵게 オムチョン メプケ (激辛に)」「조금
맵게 チョグム メプケ (少し辛く)」「순한 맛으로 スナン マスロ (マイルドな味に)」

18 갈비 이 인분 주세요.
カル ビ イ インブン ジュ セ ヨ

カルビを2人前ください。

カルビ、サムギョプサルなどの焼肉類、カムジャタンなどの鍋類など、韓国料理は
「인분 インブン (〜人分)」という注文の仕方をします。「일 인분 イ リンブン (1人
分)」「삼 인분 サ ミンブン (3人分)」など、発音に注意しましょう。

19 김치 좀 더 주세요.
キム チ ジョム ト ジュ セ ヨ

キムチおかわりお願いします。

ふんだんに出されるおかずや、焼肉についてくる「상추 サンチュ (サンチュ)」な
どはおかわり自由です。料理名がわからないときはお皿を指して「이거 더 주세요.
イゴ ト ジュセヨ (これ、もっとください)」と言い、もらうこともできます。

20 어떻게 먹어야 해요?
オ ッ ト ケ モ ゴ ヤ ヘ ヨ

どうやって食べるんですか?

食べ方を問うときによく使うフレーズです。蟹料理のケジャンやポッサムなど、ど
うやって食べたらいいかわからない、ちょっと食べにくい……、そんなときに使え
ます。関連「어떻게 먹어요? オットケ モゴヨ (どうやって食べるんですか?)」

空腹・満腹

21 배고파 죽겠어요.
ペ ゴ バ チュッ ケ ッソ ヨ

> お腹すいて死にそうです。

とてもお腹がすいたときに使えるフレーズです。普通の表現は、「배고파요. ペゴ
パヨ（お腹がすきました）」です。[関連]「배불러 죽겠어요. ペブルロ チュッケッ
ソヨ（お腹がいっぱいで死にそうです）」

22 배불러요.
ペ ブル ロ ヨ

> お腹いっぱいです。

韓国の人々は「더 먹어요. ト モゴヨ（もっと食べてください）」「더 드세요. ト
ドゥセヨ（もっと召し上がってください）」と、たくさん食べ物をすすめてくれる
ので、知っておきたいフレーズです。

23 디저트 배는 따로 있어요.
ティ ジョ トゥ ベ ヌン ッタ ロ イ ッソ ヨ

> デザートは別腹です。

直訳は「デザートのお腹は別にあります」。韓国では果物などを食後に出してくれる
食堂もあります。[関連]「배불러도 아이스크림은 먹을 수 있어요. ペブルロド アイ
スクリムン モグル ス イッソヨ（お腹いっぱいでもアイスクリームは食べられます）」

 column

「若い世代の食文化」
韓国の若者の間で一大ブームとなった料理をいくつかご紹介します。トマトに牛乳
と生クリームを混ぜ、パスタソースなどに使われる「로제 ロジェ」は、トッポッキ、
インスタントラーメンとの相性も良く、「K-로제 K-ロジェ」として定着してい
ます。中華料理の「마라탕 マラタン（麻辣湯）」と「탕후루 タンフル（フルーツ飴）」
は子どもを含めた全世代に人気です。2024年5月現在、クロワッサンをワッフ
ルメーカーで焼いた「크로플 クロプル」のブームが去った後は、韓国の伝統的な
お菓子「약과 ヤックァ（薬菓）」がブームです。

味の感想

24 아～ 냄새 좋네요！
アー　ネムセ　チョンネヨ

あ～、いいにおいですね！

食べ物が出てきた、おいしそう！ そんなときに使えます。関連「냄새 좋다～. ネムセ チョター (いいにおい～)」「맛있는 냄새! マシンヌン ネムセ (おいしそうなにおい！)」「맛있겠어요. マシッケッソヨ (おいしそう！)」

25 너무 맛있어요!
ノム　マ　シッ　ヨ

すごくおいしいです！

明るい顔で、感情を込めて言ってみましょう。右手の親指を突き立てながら言ってもいいでしょう。一緒に食べている人とその気持ちを共有したいときは、「진짜 맛있네요. チンッチャ マシンネヨ (本当においしいですね)」と言うことができます。

26 괜찮네요.
クェンチャン ネ ヨ

まあまあです。

「なかなかだ」「悪くない」そんなニュアンスが込められます。「맛이 괜찮은데요. マシ クェンチャヌンデヨ (味はなかなかですよ)」とも言えます。口に合うか尋ねるときは、「맛이 괜찮아요? マシ クェンチャナヨ? (味は大丈夫ですか？)」と聞きます。

27 싱거워요.
シン ゴ ウォ ヨ

味が薄いです。

「싱겁다 シンゴプタ」は「味が薄い」ですが、「味気がない」「塩気が少ない」ときに使い、少し否定的なニュアンスを含みます。関連「싱겁죠? 소금 좀 넣을까요? シンゴプチョ ソグム ジョム ノウルッカヨ (味が薄いですよね。塩を入れましょうか？)」

28 너무 매워요.

ノ ム メ ウォ ヨ

> とても辛いです。

ひとり言として「아~, 매워. アー メウォ（あ～、辛い）」のようにつぶやくこと もできます。関連「좀 짜요. チョム ッチャヨ（少ししょっぱいです）」「써요. ッソ ヨ（苦いです）」「셔요. ショヨ（酸っぱいです）」「달아요. タラヨ（甘いです）」

29 전 너무 매워서 못 먹겠어요.

チョン ノ ム メ ウォ ソ モン モッ ケ ッソ ヨ

> 私には辛すぎて食べられません。

辛い食べ物が多い韓国では、「辛ラーメンより辛いかどうか」で辛さを判断するこ とがあります。参考「너무 많아서 ノム マナソ（多すぎて）」「너무 뜨거워서 ノ ム ットゥゴウォソ（熱すぎて）」「너무 짜서 ノム ッチャソ（しょっぱすぎて）」

30 제 입에는 안 맞네요.

チェ イ ベ ヌン アン マン ネ ヨ

> 私の口には合わないみたいです。

言いにくければ「맛없는 건 아닌데……. マドムヌン ゴ ナニンデ（おいしくない わけではないのですが……）」と前置きをしてもいいでしょう。関連「입에 맞아요. イベ マジャヨ（口に合います）」

31 생각했던 거하고는 좀 달라요.

セン ガ ケットン ゴ ハ ゴ ヌン ジョム タル ラ ヨ

> 思っていたの（想像）とは少し違います。

「おいしくない」「食べられない」とはなかなか正直に言えないもの。こんな表現で 遠回しに「苦手だ」ということを伝えてみてはどうでしょうか。関連「사진하고 다르네요? サジナゴ タルネヨ（写真と違いますよね？）」

//

32 한잔 하세요.
ハンジャ　ナ　セ　ヨ

一杯どうぞ。

//

お酒をすすめたり、注いだりするときのフレーズです。お酌をするときのフレーズ
として、「한잔 받으세요. ハンジャン パドゥセヨ (一杯受けてください)」と言う
こともできます。

//

33 민수 씨를 위하여, 건배!
ミン ス　ッシ ルル　ウィ ハ ヨ　　コン ベ

ミンスさんのために、乾杯!

//

「위하여! ウィハヨ (~のために!)」もしくは「건배! コンベ (乾杯!)」だけでも、
乾杯の音頭になります。また、グラスがぶつかる音を表した「짠 ッチャン (乾杯!)」
もよく使われます。

//

34 뭐 마실래요?
ムォ　マ シル レ ヨ

何を飲まれますか?

//

「뭐 마실 거예요? ムォ マシル コエヨ (何を飲みますか?)」と言うこともできま
す。関連「생맥주로 할게요. センメクチュロ ハルケヨ (生ビールにします)」「콜라
로 할게요. コルラロ ハルケヨ (コーラにします)」

//

35 소주는 못 마셔요.
ソ ジュ ヌン　モン　マ ショ ヨ

焼酎は苦手です。

//

関連「저는 술을 못해요. チョヌン スルル モテヨ (私はお酒が飲めません)」「술
은 다 좋아해요. スルン タ チョアヘヨ ([直訳] お酒はすべて好きです→お酒な
ら何でも飲みます)」

//

36 막걸리로 할까요?

<ruby>막<rt>マッ</rt></ruby><ruby>걸<rt>コル</rt></ruby><ruby>리<rt>リ</rt></ruby><ruby>로<rt>ロ</rt></ruby> <ruby>할<rt>ハル</rt></ruby><ruby>까<rt>ッカ</rt></ruby><ruby>요<rt>ヨ</rt></ruby>?

> マッコリを頼みましょう。

直訳は「マッコリにしましょうか?」。「-로 할까요? ロ ハルッカヨ(~にしましょうか?)」は何かを提案するときに使えるフレーズで、食べ物や飲み物だけでなく、さまざまなものに使うことができます。

37 내일 숙취 때문에 고생해도 전 몰라요.

<ruby>내일<rt>ネ イル</rt></ruby> <ruby>숙취<rt>スクチュイ</rt></ruby> <ruby>때문에<rt>ッテム ネ</rt></ruby> <ruby>고생해도<rt>コ センヘ ド</rt></ruby> <ruby>전<rt>チョン</rt></ruby> <ruby>몰라요<rt>モル ラ ヨ</rt></ruby>.

> 明日二日酔いになっても知りませんよ。

「이제 그만 드세요. イジェ クマン ドゥセヨ(もうお飲みになるのをやめてください)」、またはやんわりと「오늘은 이만 끝내죠. オヌルン イマン ックンネジョ(今日はもうこのくらいにしておきましょう)」と言ってもいいでしょう。

38 취했어요.

<ruby>취<rt>チュィ</rt></ruby><ruby>했<rt>ヘ</rt></ruby><ruby>어<rt>ッ</rt></ruby><ruby>요<rt>ヨ</rt></ruby>.

> 酔っぱらっちゃいました。

遠慮なく言いましょう。無理は禁物です。日本語の「気持ちが悪い」は、「토할 것 같아요. トハル コッ カタヨ(吐きそうです)」「오바이트할 것 같아. オバイトゥ ハル コッ カタ(吐きそう)」と表現します。

column

「変化するお酒の文化」

韓国のお酒文化というと、大勢でわいわい飲むスタイルを連想する方も多いかもしれませんが、コロナ禍以降は自宅での一人飲み「혼술 ホンスル」文化が定着しました。以前は決まった銘柄のスタンダードなビールや焼酎がほとんどでしたが、好みも多様化し、ビールや焼酎の種類も増え、ウイスキーやハイボールなども多く飲まれるようになりました。会社の飲み会は業務の一部と考えられていたのはもう昔のこと。いまは「飲めない」ことを理由に、堂々と断る若者も増えているそうです。

会計・支払い

39 여기 계산해 주세요.
ヨ ギ　ケ サ ネ　ジュ セ ヨ

ここ、会計してください。

会計のときは「계산 ケサン（計算）」を使います。「여기 계산해 주시겠어요? ヨギ
ケサネ ジュシゲッソヨ（ここ、会計していただけますか？）」「여기 계산 부탁할게
요. ヨギ ケサン プタカルケヨ（ここ、会計お願いします）」と言うこともできます。

40 따로 내고 싶은데요.
ッタ ロ　ネ ゴ　シ プン デ ヨ

会計は別にしてください。

韓国では以前は割り勘をあまりしない風潮がありましたが、最近は若者を中心に割
り勘の文化が広がっています。「더치페이해요. ドチペイヘヨ（割り勘しましょう）」
も覚えておきたいフレーズです。

41 같이 낼게요.
カ チ　ネル ケ ヨ

一緒に払います。

「割り勘でなく、自分も払う」、そんなときに使えるフレーズです。関連「저도 낼
게요. チョド ネルケヨ（私も出します）」「반반씩 내요. パンバンッシン ネヨ（半
分ずつ出しましょう）」

42 제가 낼게요.
チェ ガ　ネル ケ ヨ

私が出します。

「私がおごる」「私に払わせて」と言うときのフレーズです。「계산은 제가 할게요.
ケサヌン チェガ ハルケヨ（会計は私がします）」「제가 살게요. チェガ サルケヨ
（[直訳] 私が買います→私がおごります）」と言うこともできます。

43 뭘요~, 괜찮아요.
ムォル リョー　クェンチャ ナ　ヨ

何ですか~、大丈夫ですよ。

おごると言われ、遠慮するときの表現です。「안　돼요~. アン ドゥェヨー（だめです~）」「뭘요~, 저도 낼게요. ムォルリョー チョド ネルケヨ（何ですか~、私も出しますよ）」と言ってもいいでしょう。

44 현금으로 낼게요.
ヒョン グ　ム ロ　ネル ケ ヨ

現金で払います。

関連「쿠폰 있어요. クポ ニッソヨ（クーポン券があります）」「할인권이 있는데요. ハリンクォニ インヌンデヨ（割引券があるのですが）」「카드로 할게요. カドゥロ ハルケヨ（[直訳] カードにします→クレジットカードで払います）」

45 카드 돼요?
カ ドゥ　トゥェ ヨ

カード使えますか？

具体的に「비자 카드 돼요? ビジャ カドゥ トゥェヨ（使えますか？）」、「라인 페이 돼요? ライン ペイ トゥェヨ（LINE Pay使えますか？）」などと言ってもいいでしょう。

46 영수증 주세요.
ヨン ス ジュン　ジュ セ ヨ

領収書（レシート）をください。

「영수증 ヨンスジュン」という単語は忘れがちです。必ずチェックしておきましょう。「영수증 주시겠어요? ヨンスジュン ジュシゲッソヨ（領収書をいただけますか？）」と言うこともできます。韓国ではレシートが領収書代わりになることが多いです。

47 잘 먹겠습니다.

チャル モッケッスムニダ

いただきます。

食事をとる際のあいさつとして使います。「많이 드세요. マニ トゥセヨ（たくさん食べてください）」「맛있게 드세요. マシッケ トゥセヨ（おいしく食べてください）」という言葉が返ってくることもあるでしょう。

48 잘 먹었습니다.

チャル モ ゴッスムニダ

ごちそうさまでした。

食べ終わったときの他に、ごちそうになったときのお礼、お店を出るときなどにも使えます。お礼として使ったときは「뭘요～. ムォルリョ（何ですか～／どういたしまして）」「아니에요. アニエヨ（いいえ）」という答えが返ってくるでしょう。

49 수고하세요.

ス ゴ ハ セ ヨ

お疲れさまです。

会計が終わり、お店を出るときに使える表現です。そのほか、コンビニ、スーパーなどで買い物をしたあとにレジの人に言うこともできます。会社でも使うことができますが、同僚や目下の人に使います。

50 2차 갈까요?

イ チャ カル ッカ ヨ

二次会に行きましょうか？

直訳は、「二次会行きましょうか？」。「맥주 한잔 더 할까요？ メクチュ ハンジャント ハルッカヨ（ビールをもう一杯飲みましょうか？）」「차나 마실까요？ チャナ マシルッカヨ（お茶でも飲みましょうか？）」など、具体案を言うのもいいでしょう。

51 큰 사이즈 있어요?
クン　サイジュ　イッソ　ヨ

大きいサイズありますか？

「좀 커요. チョム コヨ（ちょっと大きいです）」「너무 작아요. ノム チャガヨ（小さすぎます）」なども覚えておくといいでしょう。参考「작은 사이즈 チャグン サイジュ（小さいサイズ）」「다른 사이즈 タルン サイジュ（ほかのサイズ）」

52 다른 색깔 있어요?
タルン　セッカ　リッソ　ヨ

ほかの色はありますか？

展示品でないものが欲しいときは「새 거 있어요? セ ゴ イッソヨ（新しいものありますか？）」と言います。参考「검은색 コムンセク（黒）」「흰색 ヒンセク（白）」「빨간색 ッパルガンセク（赤）」「파란색 パランセク（青）」

53 입어 볼 수 있어요?
イ　ボ　ボル　ス　イッソ　ヨ

試着できますか？

こちらから尋ねる前に「입어 보세요. イボ ボセヨ（着てみてください）」「맛보세요. マッポセヨ（味見してみてください）」と言われることも多いでしょう。関連「신어 봐도 돼요? シノ ブァド トゥェヨ（〈靴などを〉履いてみてもいいですか？）」

54 이거 좀 보여 주세요.
イ　ゴ　ジョム　ボ　ヨ　ジュセ　ヨ

これ、ちょっと見せてください。

鏡に映してみたいときは「거울 있어요? コウ リッソヨ（鏡はありますか？）」、決めたときは「이걸로 할게요. イゴルロ ハルケヨ（これにします）」、迷ったときは「좀 생각해 볼게요. チョム センガケ ボルケヨ（ちょっと考えてみます）」と言います。

55 이거 얼마예요?
イ ゴ オ ル マ エ ヨ

これ、いくらですか?

関連「모두 얼마예요? モドゥ オルマエヨ (全部でいくらですか?)」「전부 얼마예요? チョンブ オルマエヨ (全部でいくらですか?)」「한 개에 얼마예요? ハンゲエ オルマエヨ (一ついくらですか?)」

56 너무 비싸요.
ノ ム ビッサ ヨ

高すぎます。

関連「비싸서 못 사겠어요. ビッサソ モッ サゲッソヨ (高くて買えません)」「싸네요. ッサネヨ (安いですね)」「다른 데에서 사는 게 훨씬 싼데요? タルン デエソ サヌン ゲ フォルッシン ッサンデヨ (別のところで買ったほうがずっと安いですよ)」

57 싸게 안 돼요?
ッサ ゲ アン ドゥェ ヨ

安くなりませんか?

値段交渉は積極的に行いましょう。関連「좀 깎아 주세요. チョム ッカッカ ジュセヨ (少し〈値段を〉下げてください)」「할인돼요? ハリンドゥェヨ (割引できますか?)」

58 10개 살 테니까 만 원에 해 주세요.
ヨル ケ サル テニッカ マ ヌォネ ヘ ジュセ ヨ

10個買うので1万ウォンにしてください。

韓国は「○個でいくら」、または「○個買ったら1つタダ」などのサービスをする店が少なくありません。関連「3개 살 테니까 하나 더 끼워 주세요. セゲ サル テニッカ ハナ ト ッキウォ ジュセヨ (3個買うので1個おまけしてください)」

しつこい販売員がいたら

59 돈이 없어요.
トニ　オプソヨ

お金がありません。

断る言い訳になります。それでも何か言ってきたら「거짓말 아니에요. コジンマラニエヨ（うそではありません）」「정말이에요. チョンマリエヨ（本当です）」と言ってみましょう。

60 갖고 있어요.
カッコ　イッソヨ

持ってます。

本当は持っていなくても、こう言うことで相手は諦めるかもしれません。関連「있어요. イッソヨ（あります）」「이미 샀어요. イミ サッソヨ（もう買いました）」「괜찮아요. クェンチャナヨ（[直訳] 大丈夫です→間に合ってます）」

61 잠깐 보는 것 뿐이에요.
チャムッカン　ポヌン　ゴッ　プニエヨ

少し見ているだけです。

熱心に商品をすすめてくることが多いので、ゆっくり見たいときはこう言いましょう。「그냥 구경하는 거예요. クニャン クギョンハヌン ゴエヨ（ただ見ているだけなんです）」「그냥 좀 볼게요. クニャン ジョム ポルケヨ（ただ見ているだけです）」でもOK。

62 필요 없어요.
ピ リョ　オプソヨ

いりません。

直訳は「必要ありません」。きっぱりと言いましょう。そのほか、「저에겐 안 맞는 것 같아요. チョエゲン アン マンヌン ゴッ カタヨ（私には合いそうにありません）」と断ってもいいでしょう。

まとめ会話

食事やショッピングの際に使えるフレーズをおさらいしましょう。韓国料理を食べたり、買い物で値段交渉をしたり、韓国語が話せれば楽しみは倍増します。

 scene 1 ♪ 4-17　どんなものが食べたいかを言って、食事をするお店を決めます。

ハン グ ゲ　チョントンジョギン　ジ ブ ロ　カ ゴ　シ ポ ヨ
한국의 전통적인 집으로 가고 싶어요.
韓国の伝統的な店に行ってみたいです。

ク ロム　ヨ ギ ロ　ハ ジョ
그럼 여기로 하죠.
じゃあ、ここにしましょう。

チャ リ　イ ッツ ヨ
자리 있어요?
すぐに入れますか？

ネ　オ ソ　オ セ ヨ
네, 어서 오세요.
はい、お入りください。

ヨ ギ　クェンチャヌン　ゴッ　カン ネ ヨ
여기 괜찮은 것 같네요.
ここよさそうですね。

イ　ジム　ニョ リ　ワンジョン　カンチュ エ　ヨ
이 집 요리 완전 강추예요.
この店の料理は超おすすめですよ。

<table>
<tr><td>scene
2</td><td>♪ 4-18</td><td>お酒の好みを話して、注文。そして、乾杯をします。</td></tr>
</table>

ムォ　マ　シル　レ　ヨ
뭐 마실래요?

何を飲まれますか？

ソ　ジュ　ヌン　モン　マ　ショ　ヨ
소주는 못 마셔요.

焼酎は苦手です。

ク　ロム　マッ　コル　リ　ロ　ハルッカ　ヨ
그럼 막걸리로 할까요?

チョ　ギ　ヨ　　マッ　コル　リ　ジュ　セ　ヨ
저기요, 막걸리 주세요.

じゃあ、マッコリを頼みましょう。
(店員に) すみません、マッコリください。

ハンジャン　パ　ドゥ　セ　ヨ　　コン　ベ　　ハルッカ　ヨ
한잔 받으세요. 건배 할까요?

一杯受けてください。乾杯しましょうか？

コン　ベ
건배!

乾杯！

クェンチャナ　ヨ　　チュィ　ヘッソ　ヨ
괜찮아요? 취했어요?

大丈夫ですか？ 酔いましたか？

クェンチャナ　ヨ　　マッ　コル　リ　ガ　チンッチャ　マ　シン　ネ　ヨ
괜찮아요. 막걸리가 진짜 맛있네요.

大丈夫です。マッコリがすごくおいしいですね。

ネ　イル　スクチュィ　ッテ　ム　ネ　コ　センヘ　ド　チョン　モル　ラ　ヨ
내일 숙취 때문에 고생해도 전 몰라요.

明日二日酔いになっても知りませんよ。

第**4**章　「食事・ショッピング」で使えるフレーズ

イ　ゴ　オル　マ　エ　ヨ
이거 얼마예요?

これ、いくらですか？

イ　マ　ヌォニ　エ　ヨ
2만 원이에요.

2万ウォンです。

チョム　ッカッカ　ジュ　セ　ヨ
좀 깎아 주세요.

少し（値段を）下げてください。

ク　ゴン　ジョム　コル　ラ　ネ　ヨ
그건 좀 곤란해요.

それはちょっと困ります。

ク　ロム　セ　ゲ　サル　テ　ニッカ　ハ　ナ　ト　ッキウォ　ジュ　セ　ヨ
그럼, 3개 살 테니까 하나 더 끼워 주세요.

じゃあ、3個買うので1個無料にしてください。

アル　ゲ　ッソ　ヨ
알겠어요.

わかりました。

カ　ドゥ　トゥエ　ヨ
카드 돼요?

カード使えますか？

カ　ドゥ　ド　クェンチャ　ナ　ヨ
카드도 괜찮아요.

カードも大丈夫ですよ。

第 5 章

「コンサート・ファンミ」で
使えるフレーズ

握手してください。
アクス ヘ ジュ セ ヨ
악수해 주세요.

ハグしてください。
ア ナ ジュ シ ミョ ナン ドゥェ ヨ
안아 주시면 안 돼요?

スターのルックス

1 너무 멋있어요.
ノ ム モ シ ッ ソ ヨ

すごくカッコイイです。

人、物両方に使えます。男性だけでなく女性にも使えるなど、日本と使える場面が
ほぼ一緒です。バンマルは「너무 멋있어. ノム モシッソ (すごくカッコイイ)」。
関連「너무 멋져요. ノム モッチョヨ (すごく素敵です)」

2 완전 잘생겼어요.
ワンジョン チャルセン ギョッソ ヨ

超イケメンです。

「완전 ワンジョン (完全)」は俗語的に使われています。関連「얼굴은 잘생겼는데
스타일은 별로네. オルグルン チャルセンギョンヌンデ スタイルン ピョルロネ (顔
はいいのにスタイルはイマイチだね)」

3 너무 예뻐요.
ノ ム イェ ッポ ヨ

すごくかわいいです。

「かわいい」「きれい」という意味があり、顔にかぎらず、全体的な雰囲気を表現す
る際にも使えます (「清潔だ」という意味の「きれい」ではありません)。景色や物
にも使えます。バンマルは「너무 예뻐. ノム イェッポ (すごくかわいい)」。

4 진짜 귀여워요.
チンッチャ ク ィ ヨ ウォ ヨ

すごくかわいらしいです。

男女どちらにも使え、好感が持てるかわいらしさがある人に対して使います。「(子
どもに対して) かわいい」「(子どものようなしぐさ、表情、様子が) かわいい」と
いう意味もあります。動物や物に対してもよく使います。

5 정말 사랑스러워요.

チョンマル　サ ラン ス ロ ウォ ヨ

本当に愛らしいです。

かわいくて、愛情を注ぎたいという気持ちを表すことができます。4 より主観的で、より愛情が込められたニュアンスがあります。パンマルは「너무 사랑스러워. ノム サランスロウォ（すごく愛らしい）」。

6 실물이 훨씬 잘생겼어요.

シル ム リ　フォルッシン チャルセン ギョッソ ヨ

実物のほうがずっとカッコイイです。

韓国で人の容姿を褒めるときによく使われる表現です。「写真よりも実際のほうがより素敵だ」と褒めるフレーズです。女性に対しては「실물이 훨씬 예뻐요. シルムリ フォルッシン イェッポヨ（実物のほうがずっとかわいいです）」と言います。

7 역시 스타일이 끝내주네요.

ヨク シ　ス タ イ リ　ックンネ ジュネ ヨ

やっぱりスタイルが最高ですね。

「끝내주다 ックンネジュダ」は俗語で、「最高の気分にさせてくれる」「これ以上ない」という意味。おしゃれな人に使ったり、顔やスタイルを褒めたりするときに使います。言われるとうれしい言葉です。おいしい料理を食べたときなどにも使います。

8 오늘도 눈 호강 했어요.

オ ヌル ド　ヌ　ノ ガン　ヘッソ ヨ

今日も目の保養をしました。

「호강 ホガン」は贅沢で楽な生活をするという意味ですが、最近は「눈 ヌン（目）」や「귀 クゥィ（耳）」などに付けて「保養」の意味で使われています。男性に対しても女性に対しても使うことができます。

スターにむけての歓声 ♪ 5-03

9 갖고 싶다!
_{カッ コ シフ タ}

　私のもの！

直訳は「欲しい！」。自分のものにしたいほど好きだという表現です。後ろに人の名前を付けても使えます。敬語表現の「갖고 싶어요. カッコ シポヨ (欲しいです)」は、物にのみ使われます。

10 손 하트 해 줘!
_{ソ ナトゥ ヘ ジュォ}

　指ハートして！

親指と人差し指をクロスさせたポーズを「손 하트 ソ ナトゥ (指ハート)」と言います。スターがファンに感謝や愛情を伝えるときにとるポーズです。手を丸めて片方の頬にくっつける「볼 하트 ポ ラトゥ (頬ハート)」もあります。

11 앵콜! 한 번 더!
_{エン コル ハン ボン ド}

　アンコール！ もう一度！

公演が終わり、アンコールを要求するときに使うフレーズです。日常生活においては、誰かの言動がユニークだったりした際に「한 번 더! ハン ボン ド (もう一度！)」と言って、もう一度やってもらったりします。

12 여기 봐 주세요!
_{ヨ ギ ブァ ジュ セ ヨ}

　こっちを見てください！

写真を撮る際など、こちらに向いてほしいときに使います。とにかく大きい声で叫んでみましょう。ほかのほうを向いていて、なかなかこちらを見てくれないときは、「여기도 봐 주세요! ヨギド ブァ ジュセヨ (こっちも見てください！)」です。

13 일본에 또 오세요.
イル ボ ネ ット オ セ ヨ

また日本に来てください。

日本でのコンサートやファンミーティングで使うことができます。もちろん、友達にも使えるフレーズです。一緒に「기다릴게요! キダリルケヨ（待ってます！）」と言ってもいいでしょう。「또 ット」は動詞の前につけると自然です。

14 악수해 주세요.
アク ス ヘ ジュ セ ヨ

握手してください。

好きな歌手、俳優が近くに来たときに大きい声で叫んでみましょう。恥ずかしくてストレートに言えない場合は「악수하고 싶어요. アクスハゴ シポヨ（握手したいです）」と言うと、少しやわらかい表現になります。

15 여기에 사인해 주세요.
ヨ ギ エ サ イ ネ ジュ セ ヨ

ここにサインしてください。

サインが欲しいときに使えるフレーズです。紙など、サインができるものを出して勇気を出して言ってみましょう。「사인해 주세요. サイネ ジュセヨ（サインしてください）」だけでもOKです。

16 안아 주시면 안 돼요?
ア ナ ジュ シ ミョ ナン ドゥェ ヨ

ハグしてください。

直訳は「抱いていただくことはいけませんか？」です。日本語だと口にするのがためらわれるようなフレーズですが、ファンミーティングの際にファンがよく使う表現です。「안아 주세요. アナ ジュセヨ（ハグしてください）」もよく使われます。

感想を伝える

17 정말 즐거웠어요.
チョンマル チュルゴ ウォッソ ヨ

本当に楽しかったです。

「정말 재밌었어요. チョンマル チェミッソッソヨ (すごくおもしろかったです)」もほぼ同じ意味で使われます。パンマルは「즐거웠어. チュルゴウォッソ (楽しかった)」「재밌었어. チェミッソッソ (おもしろかった)」。

18 최고였어요.
チュェ ゴ ヨ ッソ ヨ

最高でした。

前に「노래 ノレ (歌)」「춤 チュム (ダンス)」「의상 ウィサン (衣装)」などを付けてもOK。オーバーに「레전드 찍었어요. レジョンドゥ ッチゴッソヨ (レジェンド〈伝説的〉ですね)」と言ってもいいでしょう。

19 노래 진짜 좋았어요.
ノ レ チンッチャ チョ ア ッソ ヨ

歌がすごくよかったです。

曲がよいとき、歌唱力が素晴らしかったときの両方に使えます。「노래 ノレ (歌)」の代わりに「춤 チュム (ダンス)」「연기 ヨンギ (演技)」「무대 ムデ (舞台)」「콘서트 コンソトゥ (コンサート)」などを入れて言ってもいいでしょう。

20 너무 멋진 콘서트였어요.
ノ ム モッチン コン ソ トゥ ヨ ッソ ヨ

すごく素敵なコンサートでした。

ファンミーティングやコンサート終了後、とてもよかったと言いたいときに使うフレーズです。[関連]「너무 멋진 팬미팅이었어요. ノム モッチン ペンミティンイオッソヨ (すごく素敵なファンミーティングでした)」

21 이번 공연 정말 대박이네요.
イ ボン コン ヨン チョンマル テ バ ギ ネ ヨ

今回の公演、すごくよかったですね。

「대박 テバク」は、「たくさん売れる」「大入り」という意味の俗語です。物がよく売れる、客の入りがすごい、という意味から発展し、何かが非常によかったり、逆に、思いがけずショックを受けたりした場合にも使われるようになりました。

22 태경 역이 아주 잘 어울려요.
テ ギョン ニョ ギ ア ジュ チャ ロ ウル リョ ヨ

テギョンはハマリ役でしたね。

直訳は「テギョン役がよく似合います」。「어울리다 オウルリダ」は「似合う」という意味で、役柄だけでなく、容姿などにも使います。関連「그 머리 아주 잘 어울려요. ク モ リ アジュ チャ ロウルリョヨ（そのヘアスタイルすごくお似合いです）」

23 오늘 의상 진짜 멋지네요.
オ ヌル ウィ サン チンッチャ モッ チ ネ ヨ

今日の衣装すごく素敵ですね。

衣装のほか、「춤 チュム（踊り）」「연출 ヨンチュル（演出）」などについても言えます。また、男性の行動などに対して素敵だと思ったとき、「저 남자 멋지다. チョ ナムジャ モッチダ（あの男の人素敵）」などと、ひとり言のようにも使います。

☕ column

「떼창 (ッテチャン) で、高揚感と一体感を味わう」

K-POPなどのコンサートに行くと、歌手に合わせてファンが一緒に歌うことがありますが、これは韓国語で「떼창 ッテチャン」と呼ばれています。「群れ、集団」という意味の「떼 ッテ」と漢字語「唱」の「창 チャン」の合成語です。何千人というファンの合唱は舞台上の歌手を鼓舞し感動させますし、ファンにとっても高揚感や一体感を得ることができます。この「떼창」の声が大きすぎて「歌が聞こえなくなる」という不満もありますが、韓国では好ましい文化として根付いています。

24 감동 <ruby>받<rt>バ</rt></ruby>았어요.

カム ドン バ ダッ ッ ヨ

감동 받았어요.

感動しました。

「감동 カムドン（感動）」は日本語の発音と似ていますが、「감 カム」のところできちんと口を閉じるのがポイントです。関連「소름이 끼칠 정도로 감동 받았어요. ソルミ ッキチル ジョンドロ カムドン バダッソヨ（鳥肌が立つほど感動しました）」

25 심장이 터질 것 같아요.

シム ジャン イ ト ジル コッ カ タ ヨ

심장이 터질 것 같아요.

（緊張して）心臓がはちきれそうです。

目の前に好きなスターがいて緊張してしまったり、コンサートで感動してどきどき、わくわくの感情が高ぶったりしたときに使います。また、試験の合格発表や就職の面接など、日常生活においてとても緊張しているときにも使えます。

26 심쿵했어요.

シム クン ヘッ ソ ヨ

심쿵했어요.

キュンキュンしました。

「심쿵 シムクン」の「심 シム」は心臓、「쿵 クン」は胸がドキドキする状態を表します。「대사 テサ（せりふ）」「장면 チャンミョン（シーン）」「가사 カサ（歌詞）」に「－에 エ（～に）」を付けて使ってもいいでしょう。

27 고막이 녹아내리는 것 같아요.

コ マ ギ ノ ガ ネ リ ヌン ゴッ カ タ ヨ

고막이 녹아내리는 것 같아요.

鼓膜が溶ける感じです。

歌声がとても魅力的だという意味で使われます。声が気に入ってずっと聞いていられる男性歌手のことを「고막 남친 コマン ナムチン（鼓膜彼氏）」と呼ぶこともあります。

28 몇 번을 봐도 (들어도) 감동적이에요.

ミョッ ボ ヌル ブァ ド トゥロ ド カム ドン ジョ ギ エ ヨ

何度見ても（聞いても）感動的です。

ドラマ、映画、歌などで、見るたび聞くたびに感動するという気持ちを表すフレーズです。韓国ドラマは失恋モノ、家族の感動ストーリーなどが多く、また、歌謡曲も悲しいバラードが多いので、かなりの頻度で使えるでしょう。

29 감동해서 울어 버렸어요.

カム ドン ヘ ソ ウ ロ ボ リョ ッソ ヨ

感動して泣いてしまいました。

歌や演技がとてもよくて涙が出るぐらい感動したことを伝えるときのフレーズです。関連「감동해서 눈물이 날 것 같아. カムドンヘソ ヌンムリ ナル コッ カタ（感動して涙が出そう）」

30 민규 씨를 만나다니 꿈만 같아요.

ミン ギュ ッシ ルル マン ナ ダ ニ ックン マン カ タ ヨ

ミンギュさんに会えるなんて夢みたいです。

「꿈만 같아요. ックンマン カタヨ（夢みたいです）」は、現実に起きていることが信じられないぐらいうれしいときに使うフレーズです。よくないことや、ささやかな喜びなどには使いません。

31 나만 알고 싶다!

ナ マ ナル ゴ シプ タ

私だけ知っていたい！

好きすぎてほかの人には知られたくない、これ以上有名になってほしくないという複雑な気持ちを冗談交じりに表現するフレーズです。SNSでもよく使われます。関連「내 거야! ネ コヤ（私のもの！）」

気持ちを伝える

32 만나게 돼서 기뻐요.
マン ナ ゲ トゥェ ソ キ ッポ ヨ

> 会えてうれしいです。

初対面のあいさつですが、ファンミーティングの握手会で言ったり、渡す手紙に書くこともできます。別れの際に、「만나게 돼서 기뻤어요. マンナゲ トゥェソ キッポッソヨ（会えてうれしかったです）」と言うこともできます。

33 꼭 만나고 싶었어요.
ッコン マン ナ ゴ シ ポッ ソ ヨ

> ずっと会いたかったです。

「以前から会いたかった」という気持ちを伝えるときのフレーズです。好きな人だけでなく、友人などにも使います。「꼭 ッコク」は約束をする際、「必ず、絶対」の意味としてよく使われます。 関連「꼭 만나요. ッコン マンナヨ（ぜひ会いましょう）」

34 너무 좋아서 말로 표현 못 하겠어요.
ノ ム チョ ア ソ マル ロ ピョヒョン モ タ ゲッソ ヨ

> うれしすぎて言葉にできません。

似た表現に「좋아 죽겠어. チョア チュッケッソ（うれしすぎて死にそう）」「좋아 미치겠어. チョア ミチゲッソ（うれしすぎておかしくなりそう）」もあり、会話でよく使われます。

35 더 좋아졌어요.
ト チョ ア ジョッソ ヨ

> もっと好きになりました。

もともと好きだったけれど、会ってみてさらに好きになった、ということを表わすフレーズです。似た表現に「더 멋져졌네요. ト モッチョジョンネヨ（さらにかっこよくなりましたね）」などがあります。

36 데뷔 전부터 팬이었어요.
テ ブィ　ジョンブ ト　ペ ニ オッ ソ ヨ

> デビュー前からファンでした。

有名事務所のアイドルなら、練習生のときから話題になりファンが増えることがよく
あります。「연습생 때부터 ヨンスプセン ッテブト（練習生のときから）」に変えて使
うこともできます。

37 항상 팬을 챙겨 줘서 고마워요.
ハン サン　ペ ヌル　チェンギョ　ジュォソ　コ マ ウォ ヨ

> いつもファンを大切にしてくれてありがとうございます。

ファンサービスが行き届いている歌手、俳優などに、感謝やうれしさを伝えるフレー
ズ。「항상 팬을 생각해 줘서 고마워요. ハンサン ペヌル センガケ ジュォソ コマ
ウォヨ（いつもファンのことを考えてくれてありがとうございます）」とも言えます。

38 일본 팬에 대한 애정이 느껴져요.
イル ボン　ペ ネ　テ ハン　エ ジョン イ　ヌッキョジョ ヨ

> 日本のファンに対する愛情を感じます。

前よりも日本語がうまくなっていたり、日本語でたくさん歌ってくれたりと、日本
のファンへの特別な愛情が感じられたときに使います。「애정 エジョン（愛情）」
は「사랑 サラン（愛）」と言い換えることもできます。

☕ column

「スターのことも兄、姉と呼ぶ」

韓国では兄弟姉妹ではなくても年上の人を「お兄さん、お姉さん」と呼ぶ習慣があ
ります。性別によって使う単語が違い、お兄さん、お姉さんを女性は「오빠 オッパ、
언니 オンニ」、男性は「형 ヒョン、누나 ヌナ」と呼ぶので、自分より年上の推しを、
あえてお兄さん、お姉さんと呼ぶこともあります。若い女の子が男性アイドルに夢
中になって「오빠 オッパ」と呼ぶことから、推しに熱狂するファンダムを「오빠
부대 オッパ ブデ（お兄さん部隊）」と呼ぶこともありました。

♪ 5-11

39 이번 주 1위 축하합니다.
イ ボン チュ イ ルィ チュカ ハムニ ダ

今週1位おめでとうございます。

韓国は各放送局に歌番組があり、ランキングで1位になるのはアーティストにも
ファンにもとてもうれしいことです。応援しているアーティストが1位を取ったと
きには、SNSやファンサイトなどを通してお祝いしましょう。

40 컴백이 무척 기다려져요.
コム ベ ギ ム チョク キ ダ リョ ジョ ヨ

活動再開がほんとに待ち遠しいです。

「컴백 コムベク」は「カムバック」。歌手、俳優の入隊前はもちろん、入隊中の休
暇を利用したファンミーティングの際などにも使えます。関連「컴백은 언제예요?
コムベグン オンジェエヨ（活動再開はいつですか？）」

41 제대 후가 더 기대돼요.
チェ デ フ ガ ト キ デ ドゥェ ヨ

除隊後を楽しみにしています。

入隊すると約2年間活動できないので、入隊中は本人も復帰後について不安を抱え
ているかもしれません。しかし、入隊中に所属部隊でファンのためのイベントが開
催されることもあります。そんなときはこのように声をかけると励みになるでしょう。

42 계속 기다릴게요.
ケ ソク キ ダ リル ケ ヨ

ずっと待っています。

韓流スターのみならず、入隊するボーイフレンドにも使うことができるフレーズで
す。「언제까지나 기다릴게요. オンジェッカジナ キダリルケヨ（いつまでも待っ
てます）」もよく使われる表現です。

コンサート・ファンミ

43 계속 응원할게요.
ケ ソク ウン ウォ ナル ケ ヨ

ずっと応援します。

ファンとして引き続き応援している、ということを表すフレーズです。友達を励ましたり応援したりするときにも使えます。 関連「내가 응원할게. ネガ ウンウォナルケ（私が応援するよ）」

44 평생 팬 할 거예요.
ピョンセン ペ ナル コ エ ヨ

死ぬまでファンです。

直訳は「一生ファンでいるつもりです」。同じ意味で、「죽을 때까지 팬 할 거예요. チュグル ッテッカジ ペ ナル コエヨ（死ぬまでファンです）」「죽어도 팬 할 거예요. チュゴド ペ ナル コエヨ（死んでもファンです）」もあります。

45 꼭 다시 올게요.
ッコク タ シ オル ケ ヨ

絶対にまた来ます。

握手会などで使います。とても楽しかった、これからもファンでいるつもりだという意味があるので、言われたスターはうれしいでしょう。後日出すファンレターでは「꼭 다시 갈게요. ッコク タシ カルケヨ（絶対にまた行きます）」となります。

46 다음 작품도 꼭 볼게요.
タ ウム チャクプム ド ッコク ポル ケ ヨ

次の作品も絶対に見ます。

「작품 チャクプム（作品）」のほか、「영화 ヨンファ（映画）」「공연 コンヨン（公演）」などにも言い換えられます。歌の場合は「다음 앨범도 꼭 들을게요. タウム メルボムド ッコク トゥルルケヨ（次のアルバムも絶対聞きます）」などになります。

♪ 5-13

47 아미인 것이 자랑스러워요.
<small>ア ミ イン ゴ シ チャ ラン ス ロ ウォ ヨ</small>

ARMYであることが自慢です。

「전 아버지 딸이라는 것이 자랑스러워요. チョン アボジ ッタリラヌン ゴシ チャランスロウォヨ (私はお父さんの娘だということが自慢です→誇りに思っています)」などと言うこともでき、言われた本人にとってはとてもうれしい表現です。

48 언제나 최고의 퍼포먼스 고마워요.
<small>オンジェ ナ チュェ ゴ エ ポ ポ モン ス コ マ ウォ ヨ</small>

いつも最高のパフォーマンスをありがとうございます。

テレビ、コンサート、ミュージックビデオなどですばらしいダンスを見せてくれたときに使えるフレーズです。「노래 ノレ (歌)」「연기 ヨンギ (演技)」「공연 コンヨン (ライブ、舞台)」なども使うことができます。

49 앞으로의 활동도 기대할게요.
<small>ア プ ロ エ ファルトン ド キ デ ハル ケ ヨ</small>

これからの活動も楽しみにしています。

「これからもファンとして応援する」という気持ちを伝えたいときに使います。
関連「다음 작품도 〈앨범도〉 기대할게요. タウム チャクプムド 〈エルボムド〉 キデハルケヨ (次の作品も 〈アルバムも〉 楽しみにしています)」

50 다음 해외 공연도 잘 다녀오세요.
<small>タ ウム ヘ ウェ コン ヨン ド チャル タ ニョ オ セ ヨ</small>

次の海外公演もお気をつけて。

「공연 コンヨン (公演)」の代わりに「팬미팅 ペンミティン (ファンミーティング)」を入れてもいいでしょう。コンサートやファンミーティングのために、さまざまな国を飛び回る韓流スターにこう声をかけてみましょう。

134 コンサート・ファンミ

自分について   ♪ 5-14

51 신곡에 푹 빠졌어요.
シン ゴ ゲ ブ ク ッパ ジョッ ソ ヨ

新曲に夢中です。

「빠졌어요. ッパジョッソヨ」は「はまりました」という意味。人だけでなく、趣味、食べ物などにも使えます。**関連**「요즘 매운 음식에 푹 빠졌어요. ヨジュム メウ ヌムシゲ プク ッパジョッソヨ（最近辛い料理にはまっています）」

52 새 앨범을 매일 듣고 있어요.
セ エル ボ ムル メ イル トゥッ コ イッソ ヨ

新しいアルバムを毎日聞いています。

ドラマの場合は、「새 드라마를 매일 보고 있어요. セ ドゥラマルル メイル ポゴ イッソヨ（新しいドラマを毎日見ています）」となります。**参考**「자주 チャジュ（しょっちゅう）」「아침마다 アチンマダ（毎朝）」

53 트와이스의 노래는 저에게 큰 힘이 돼요.
トゥ ワ イ ス エ ノ レ ヌン チョ エ ゲ ク ニ ミ トゥェ ヨ

TWICEの歌にすごく元気づけられます。

関連「힘들 때 트와이스의 노래를 들으면 힘이 나요. ヒムドゥル ッテ トゥワイスエ ノレルル トゥルミョン ヒミ ナヨ（つらいときにTWICEの歌を聞くと元気が出ます）」

54 제일 좋아하는 곡은 'Ditto' 예요.
チェ イル チョ ア ハ ヌン ゴ グン ティト エ ヨ

いちばん好きな曲は「Ditto」です。

特に好きな曲などを伝えたいときに使えるフレーズです。「곡 コク（曲）」だけでなくいろいろなものに使えます。**参考**「노래 ノレ（歌）」「멤버 メンボ（メンバー）」「그룹 クルプ（グループ）」「작품 チャクプム（作品）」

55 지금까지 나온 노래 다 들었어요.
チ グ ムッカ ジ　ナ オン　ノ レ タ　トゥ ロッ ソ ヨ

いままで出た曲、全部聞きました。

作品をすべてチェックするほど好き、大ファンだということを表現するフレーズです。相手が俳優の場合は、「작품 전부 다 봤어요. チャクブム チョンブ タ ブァッソヨ（作品を全部見ました）」と言うこともできます。

56 음방을 보고 팬이 됐어요.
ウ ム バン ウル　ボ ゴ　ペ ニ　トゥェッソ ヨ

音楽番組を見てファンになりました。

ファンになったきっかけを伝えるときのフレーズです。「음방 ウ ム バン」は「음악방송 ウ マ ク バンソン（音楽番組）」の縮約形。[関連]「OST를 듣고 팬이 됐어요. オエスティルル トゥッコ ペニ トゥェッソヨ（OSTを聞いてファンになりました）」

57 한국 팬미팅에도 갔어요.
ハン グ ク　ペン ミ ティン エ ド　カッ ソ ヨ

韓国のファンミーティングにも行きました。

日本に来るのを待っているだけではなく、何回も韓国に足を運んでいる熱烈なファンだ、ということをアピールしたいときに使えます。「한국 공연에도 갔어요. ハングッ コンヨネド カッソヨ（韓国の公演にも行きました）」も使えます。

58 저 기억하세요?
チョ　キ オ カ セ ヨ

私のこと覚えていますか？

コンサートやファンミーティングに何回も足を運んでいるファンであれば、スターが顔を覚えているかもしれません。前回言葉を交わしたり、記憶に残るようなことがあったときは使ってみましょう。やや冗談めかして使うこともできるフレーズです。

スターへの質問 ♪ 5-16

59 일본에서 가 본 곳 중에서 어디가 좋았어요?

イルボネソ　カ　ボン　ゴッ　チュンエソ　オディガ　チョアッソ ヨ

日本で行った所ではどこがよかったですか？

好きなスターが行った所、食べた物などは気になるもの。[関連]「일본에서 먹은 음식 중에서 뭐가 제일 맛있었어요? イルボネソ　モグ　ヌムシク　チュンエソ　ムォガ　チェ イル　マシッソッソヨ（日本で食べたものの中で何がいちばんおいしかったですか？）」

60 어떤 스타일의 여자를 좋아해요?

オットン　スタイレ　ヨ ジャルル　チョ ア ヘ ヨ

好きな女性のタイプを教えてください。

直訳は「どんなスタイルの女性が好きですか？」。ここの「스타일 スタイル」は、「タイプ」「理想像」という意味です。この表現はスターに対してだけではなく、友達同士でもよく使われます。話が盛り上がるので覚えておきましょう。

61 지금까지 여자 친구는 몇 명 있었어요?

チ グムッカ ジ　ヨ ジャ チン グ ヌン　ミョン ミョン　イッソッソ ヨ

これまで彼女は何人いましたか？

日本では聞くことがためらわれるようなことも、韓国では割と質問できます。友人や彼氏にも使うことができるでしょう。[関連]「지금까지 몇 명 사귀어 봤어요? チグ ムッカジ　ミョン　ミョン　サグィオ　ブァッソヨ（これまで何人と付き合いましたか？）」

62 첫사랑은 언제예요?

チョッ サ ラン ウン　オンジェ エ ヨ

初恋はいつですか？

韓国人は初恋の話を好む傾向があるので、このような質問をしても失礼ではありません。友人、彼氏にも使うことができます。[関連]「첫키스는 언제예요? チョッキ スヌン　オンジェエヨ（ファーストキスはいつですか？）」

まとめ会話

コンサートの感想を言ったり、大好きな韓流スターに熱い想いを伝えたりするフレーズをまとめてチェックしましょう。ファンミーティングなどでも使えます。

 scene 1 ♪ 5-17　コンサート会場で友達と盛り上がり、その興奮を分かち合います。

エンコル　ハン　ボン　ド
앵콜! 한 번 더!
アンコール！　もう一度！

ノ　ム　　モ　シッソ　ヨ
너무 멋있어요!
すごくカッコイイです！

ヨク シ　　シル ム リ　　フォルッシン チャルセンギョッソ ヨ
역시 실물이 훨씬 잘생겼어요.
やっぱり実物のほうがずっとカッコイイですね。

ノ　レ　ド　　チンッチャ　チョ ア ッソ ヨ
노래도 진짜 좋았어요.
歌もすごくよかったです。

ノ　ム　　モッチン　コン ソ トゥ ヨ ッソ ヨ
너무 멋진 콘서트였어요.
すごく素敵なコンサートでした。

ク ロ チョ　　イ ボン　コン ヨ ヌン　チョンマル　テ バ ギ ネ ヨ
그렇죠. 이번 공연은 정말 대박이네요.
ですよね。今回の公演、すごくよかったですね。

scene 2　♪ 5-18　大好きなスターについて、友達と夢中になって話しています。

ヨジュム ピティエスエ ブク ッパジョッソ ヨ
요즘 BTS에 푹 빠졌어요.

最近、BTSに夢中です。

チョンマル モ シッチョ
정말 멋있죠?

本当にカッコイイですよね？

カッ コ シプ タ　　チョングク
갖고 싶다! 정국!

私のもの！　ジョングク！

チョヌン ブィ ッシガ ト チョア ヨ
저는 뷔 씨가 더 좋아요.

私はVさんのほうがもっと好きです。

ブィ ッシヌン チンッチャ クィ ヨ ウォ ヨ
뷔 씨는 진짜 귀여워요.

Vさんはすごくかわいらしいです。

ネ　クリゴ スタ イル ド ックンネジュォ ヨ
네, 그리고 스타일도 끝내줘요.

はい、そしてスタイルも最高です。

チ ナンボン コンヨン チョンマル チュェゴ ヨッソ ヨ
지난번 공연 정말 최고였어요.

この前のコンサート、本当に最高でした。

マ ジャ ヨ　　ソル ミ ッキチル チョンド ロ カムドン パ ダッソ ヨ
맞아요. 소름이 끼칠 정도로 감동 받았어요.

そうですよ。鳥肌が立つほど感動しました。

ファンミーティングで、大好きなスターに気持ちを伝えて
います。

マン ナ ゲ　トゥェソ　キッポ ヨ
만나게 돼서 기뻐요.
会えてうれしいです。

ソ ヌ　ッシルル　マン ナ ダ ニ　ックンマン　カ タ ヨ
선우 씨를 만나다니 꿈만 같아요.
ソヌさんに会えるなんて夢みたいです。

ウム バンウル　ポ ゴ　ペ ニ　トゥェッソ ヨ
음방을 보고 팬이 됐어요.
音楽番組を見てファンになりました。

ソ ヌ　ッシ エ　ノ レ　メ イル トゥッコ　イッソ ヨ
선우 씨의 노래 매일 듣고 있어요.
ソヌさんの歌を毎日聞いています。

コ マ ギ　ノ ガ ネ リ ヌン ゴッ　カ タ ヨ
고막이 녹아내리는 것 같아요.
鼓膜が溶ける感じです。

ケ ソク　ウンウォナル ケ ヨ
계속 응원할게요.
ずっと応援します。

オンジェ ナ　チュェゴ エ　ポ ポ モンス　コ マ ウォ ヨ
언제나 최고의 퍼포먼스 고마워요.
いつも最高のパフォーマンスをありがとうございます。

ア ナ　ジュ シ ミョ ナン ドゥェ ヨ
안아 주시면 안 돼요?
ハグしてください。

第 6 章

「恋愛・交際」で
使えるフレーズ

私たち同い年ですね。
ウリ トンガビネヨ
우리 동갑이네요.

敬語は使わなくていいですよ。
ピョナゲ マル ロウセヨ
편하게 말 놓으세요.

なんで連絡して
くれないんでしょうか？
ウェ ヨルラギ ア ノルッカ ヨ
왜 연락이 안 올까요?

痩せましたよね。
サル ッパジョッチョ
살 빠졌죠?

友達同士

1 우리 동갑이네요.
ウ リ　トン ガ ビ ネ ヨ

私たち同い年ですね。

韓国では初対面の人に年を確認することが珍しくありません。同い年だったらお互いとても親近感が持てるのでこう言ってみましょう。自分が年下なら「제가 동생이네요. チェガ トンセンイネヨ（私が年下ですね）」と言います。

2 뭐라고 부르면 돼요?
ムォ ラ ゴ　ブ ル ミョン トゥェ ヨ

何て呼べばいいですか？

「-씨 ッシ」は、日本語で「～さん」と訳されますが、自分より年上の親しい相手に使うと少し失礼になることがあります。通常は名前のあとに「お兄さん」の「오빠 オッパ」「형 ヒョン」や「お姉さん」の「언니 オンニ」「누나 ヌナ」をつけます。

3 편하게 말 놓으세요.
ピョ ナ ゲ　マル　ロ ウ セ ヨ

敬語は使わなくていいですよ。

相手が自分より年上の場合に使えるフレーズです。仲良くなりたいという意味が込められています。年上の人から「말 놓아도 돼요? マル ロアド トゥェヨ（敬語使わなくてもいいですか？）」と言われたときの答えとしても使えます。

4 우리 마음이 잘 맞네요.
ウ リ　マ ウ ミ チャル マン ネ ヨ

私たち気が合いますね。

話が合うなと思ったときに使えるフレーズです。パンマルは最後の「요」を取って言います。「마음 マウム（心）」を言わずに、「우리 정말 잘 맞네. ウリ チョンマル チャル マンネ（私たち本当に気が合うね）」と言ってもいいでしょう。

お誘い

5 연락처 가르쳐 주세요.

ヨル ラク チョ　カ ル チョ　ジュ セ ヨ

連絡先を教えてください。

初めて会った人と友達になったときに使えるフレーズです。仲良くなりたいと思ったときは気軽に聞いてみましょう。言われることも多いかもしれません。関連「또 연락할게요. ット ヨルラカルケヨ（また連絡しますね）」

6 또 만나요.

ット　マン ナ　ヨ

また会いましょう。

次に会う具体的な日を決めていないとき、約束をしていないときに使えるあいさつ言葉でもあります。パンマルは「또 만나. ット マンナ（また会おう）」。関連「또 놀아요. ット ノラヨ（また遊びましょう）」「또 놀자. ット ノルジャ（また遊ぼう）」

7 지금 뭐 해?

チ グム　ムォ　ヘ

いま何してる？

電話でのあいさつや話の置き、「暇だったら会おう」と言いたいときなどに使えます。突然連絡して発するようなフレーズです。「뭐 해? ムォ ヘ（何してる?）」だけでも使います。丁寧語は「지금 뭐 해요? チグム ムォ ヘヨ（いま何してますか?）」。

8 괜찮으면 같이 놀래?

クェンチャ ヌ ミョン　カ チ　ノル レ

よかったら遊ばない？

単に誘うときはもちろんのこと、連絡してみたら相手が特に忙しそうではなかったときなどにも使えるフレーズです。関連「심심한데 만날래요? シムシマンデ マンナルレヨ（暇だから会いませんか?）」

9 오늘 술이나 한잔할까요?
オ ヌル ス リ ナ ハンジャ ナルッカ ヨ

今日お酒でも一杯飲みましょうか？

韓国人はこのようにお酒の席に誘います。パンマルは「오늘 한잔 어때? オヌル ハンジャ ノッテ（今日一杯どう？）」。[関連]「차나 한잔할까요? チャナ ハンジャ ナルッカヨ（お茶でも一杯飲みましょうか？）」

10 우리 집에서 잘래?
ウ リ ジ ベ ソ チャル レ

うちに泊まる？

韓国では気軽に友達の家に泊まり、泊まらせます。丁寧語は「우리 집에서 자요. ウリ ジベソ チャヨ（うちに泊まってください）」。家に遊びにくるよう誘うときは「우리 집에 놀러 올래? ウリ ジベ ノルロ オルレ（うちに遊びにくる？）」。

11 약속해요!
ヤク ソ ケ ヨ

約束ですよ！

約束をしたときに改めて確認したり、必ず守ってほしいと伝えるときに使います。小指を見せながら言ったりもします。パンマルは「약속이야! ヤクソギヤ（約束だよ！）」「약속해! ヤクソケ（約束して！）」。

12 미안해요. 그날은 안 될 것 같아요.
ミ ア ネ ヨ ク ナ ルン アン ドゥェル コッ カ タ ヨ

ごめんなさい。その日は無理そうです。

予定を聞かれたけれど都合がつかないときや、約束を断るときに使えます。「그날은 약속이 있어요. クナルン ヤクソギ イッソヨ（その日は予定があります）」のようなフレーズを付け加えてもいいでしょう。

待ち合わせ

13 3시에 2번 출구에서 만나요.
セ シ エ イ ボン チュルグ エ ソ マン ナ ヨ

3時に2番出口で待ち合わせしましょう。

待ち合わせ場所として、地下鉄の出入り口がよく使われるので覚えておきたいフレーズです。 関連 「어디에서 〈몇 시에〉 만날까요? オディエソ 〈ミョッ シエ〉 マンナルッカヨ (どこで 〈何時に〉 待ち合わせしましょうか?)」

14 지금 어디예요? 전 도착했어요.
チ グ モ ディ エ ヨ? チョン ト チャケッ ソ ヨ

いまどこですか? 私は着きました。

答えとしては「다 왔어요. タ ワッソヨ ([直訳] ほとんど来ています→もう着きます)」「5분 정도면 도착할 거야. オブン ジョンドミョン トチャカル コヤ (5分くらいすれば着くよ)」などが使われます。

15 많이 기다렸어요?
マ ニ キ ダ リョッソ ヨ

お待たせしました。

直訳は「たくさん待ちましたか?」。相手が先に来ていたときのあいさつとしても使えます。遅れたときはこのフレーズの前に「미안해요. ミアネヨ (ごめんなさい)」、年上の人には「죄송해요. チェソンヘヨ (すみません)」とつけましょう。

16 조금 늦을 것 같아요.
チョ グム ヌ ジュル コッ カ タ ヨ

少し遅れそうです。

待ち合わせの時間に遅れそうなときに使えるフレーズです。このメッセージをもらったときは「천천히 오세요 チョンチョニ オセヨ ((急がないで) ゆっくり来てください)」と返事しましょう。

ガールズトーク

17 화장품 뭐 써요?
ファ ジャンプム　ムォ　ッソ　ヨ

化粧品は何を使っていますか？

韓国人女性はきれいな肌へのこだわりが強く、肌がきれいな友人、知人に対し、化粧品は何を使っているかとよく聞きます。「肌がきれいでうらやましい」という気持ちが込められていることもあります。

18 살 빠졌죠?
サル　ッパ ジョッ チョ

痩せましたよね。

パンマルは「살 빠졌지？ サル ッパジョッチ（痩せたでしょ？）」。関連「살쪘네요.サルッチョンネヨ（太りましたね）」「살쪘네. サルッチョンネ（太ったね）」
韓国人はこのようにズバッと言うことが多いです。

19 그 옷 예쁘네요!
ク　オン　ニェップ ネ　ヨ

その服かわいいですね！

かわいい服を着ている友達に言ってみましょう。パンマルは「그 옷 예쁘다! ク オン ニェップダ（その服かわいい！）」。参考「치마 チマ（スカート）」「원피스 ウォンピス（ワンピース）」「신발 シンバル（靴）」「목걸이 モッコリ（ネックレス）」

20 이게 요즘 핫템이야.
イ　ゲ　　ヨ ジュム　ハッ テ ミ ヤ

これいま、すごく流行ってるの。

「핫템 ハッテム」は「핫 아이템 ハ ダイテム（ホットなアイテム）」の縮約形。流行の変化が激しいコスメには欠かせない言葉なのでチェックしておきましょう。
関連「잇템 イッテム（It's item→必携アイテム）」

恋ばな

♪ 6-06

21 여자 친구 있어요?
ヨ ジャ チン グ イ ッソ ヨ

彼女いますか？

韓国では恋人の有無をストレートに聞くのが一般的。「애인 있어요? エイ ニッソ ヨ（恋人いますか？）」とも言えます。「있어요. イッソヨ（います）」「없어요. オプソヨ（いません）」「비밀이에요. ビミリエヨ（秘密です）」などで答えましょう。

22 좋아하는 사람 있어요?
チョ ア ハ ヌン サ ラ ム ミッソ ヨ

好きな人はいますか？

友達に恋愛話を聞いたり、気になる異性に尋ねたりするときに使うフレーズです。好きな人に「없어요. オプソヨ（いません）」と言われて、「다행이다. タヘンイダ（よかった）」と返すと告白の一歩手前になるかもしれません。

23 남자 친구 어디가 좋아요?
ナム ジャ チン グ オ ディ ガ チョ ア ヨ

彼のどこが好きですか？

友達の彼氏について、どこが好きで付き合っているのかを聞くときに使います。場面によっては「いったい彼のどこがよいの？（よくないじゃない）」と反語的に使うこともできます。その場合は「어디가 オディガ（どこが）」を強調します。

24 남자 친구, 연예인 누구 닮았어요?
ナム ジャ チン グ ヨ ネ イン ヌ グ タル マッソ ヨ

（あなたの）彼、芸能人だと誰に似ていますか？

答えとしては、「원빈 닮았어요. ウォンビン タルマッソヨ（ウォンビンに似ています）」「글쎄요……, 잘 모르겠어요. クルッセヨ チャル モルゲッソヨ（そうですね……、よくわかりません）」などがあるでしょう。

151

25 짝사랑 중이에요.

ッチャクサ ラン　ジュン イ　エ　ヨ

片思いしています。

パンマルは「짝사랑 중이야. ッチャクサラン ジュンイヤ（片思いしてるんだ）」。
相手に片思い中なのかを聞くときは語尾のイントネーションを上げ、「짝사랑 중이
에요? ッチャクサラン ジュンイエヨ（片思いしているんですか？）」と聞きます。

26 첫눈에 반했어요.

チョン ヌ　ネ　　バ　ネッソ　ヨ

一目ぼれしました。

「첫눈에 반하다 チョンヌネ パナダ」は「一目ぼれする」という意味。パンマルは
「첫눈에 반했어. チョンヌネ パネッソ（一目ぼれしちゃった）」です。のろけ話を
する男性が使ったりもします。

27 왜 연락이 안 올까요?

ウェ　ヨル ラ ギ　ア　ノ ルッカ ヨ

なんで連絡してくれないんでしょうか？

付き合ってまもなく、まだペースがつかめていないときなど、友達に相談するとき
に使います。もちろん、友達から連絡がないときにも使えます。パンマルは「왜
연락이 안 올까? ウェ ヨルラギ ア ノルッカ（なんで連絡くれないんだろう）」。

28 밀당은 너무 어려워.

ミル タン ウン　ノ　ム　オ リョ ウォ

駆け引きって難しい。

「밀당 ミルタン」の直訳は「밀고 당기기 ミルゴ タンギギ（押したり引いたり）」。
関連「썸남과 밀당 중이에요. ッソムナムグァ ミルタン ジュンイエヨ（脈あり男性
と駆け引き中です）」（➡ p. 153 column）

29 요즘 남친이랑은 어때요?
ヨ ジュム ナム チ ニ ラン ウ ノッテ ヨ

最近彼氏とはどうですか？

「남친 ナムチン」は「남자 친구 ナムジャ チング（彼氏）」を略した言葉です。「여자 친구 ヨジャ チング（彼女）」は「여친 ヨチン」です。パンマルは「요즘 남친이랑 어때? ヨジュム ナムチニラン オッテ（最近彼氏とどう？）」。

30 차였어.
チャ ヨ ッソ

ふられちゃった。

「차이다 チャイダ」は「ふられる」という意味です。単に「別れたんだ」と言う場合は、「깨졌어. ッケジョッソ（[直訳] 壊れちゃった→別れちゃった）」「헤어졌어. ヘオジョッソ（別れたんだ）」などを使います。

31 남친 갖고 싶다.
ナム チン カッ コ シプ タ

彼氏ほしい。

恋人がほしい人が口癖のように言う言葉です。「연애하고 싶다. ヨネハゴ シプタ（[直訳] 恋愛したい）」も同じ意味でよく使われます。関連「여친 갖고 싶다.ヨチン カッコ シプタ（彼女ほしい）」

☕ column

「恋愛関連用語」

韓国では好感を持っている人と何となくうまくいっている、でもまだ付き合ってはいない状態を、英語の「something」の「some」を用い「썸 ッソム」と言います。動詞で表現すると「썸을 타다 ッソムル タダ」です。そういう関係にいる相手の男性を「썸남 ッソムナム（some男）」、女性は「썸녀 ッソムニョ（some女）」と表現します。意中の人に積極的にモーションをかけるとき、誘惑するという意味の「플러팅 プルロティン（Flirting）」もよく使われます。

告白

32 사귀고 싶어요.
サ グィ ゴ　シ ポ ヨ

> 付き合ってください。

直訳は「付き合いたいです」。交際を申し込むときはこう言うことが多いです。お願いをするというより、自分の気持ちをはっきり伝えるニュアンスが強くなります。「우리 사귈래요? ウリ サグィルレヨ（私たち付き合いましょうか？）」も似た表現です。

33 예전부터 계속 좋아했어요.
イェ ジョン ブ ト　ケ ソク　チョ ア　ヘ ッソ ヨ

> ずっと前から好きでした。

前から好きだったと、まじめに告白するときにぴったりのフレーズです。以前からの知り合いの場合はパンマルを用い、「예전부터 계속 좋아했어. イェジョンブト ケソク チョアヘッソ（ずっと前から好きだったんだ）」と言います。

34 남자다운 모습에 반했어요.
ナム ジャ ダ ウン　モ ス ベ　パ ネ ッソ ヨ

> 男らしいところにひかれました。

男性らしさにこだわる男性にこう言えば、きっと男心をくすぐるでしょう。優しいところにひかれた場合は「자상한 모습에 반했어요. チャサンハン モスベ パネッソヨ（優しいところにひかれました）」と言います。

35 하늘만큼 땅만큼 사랑해.
ハ ヌル マン クム　ッタン マン クム　サ ラン ヘ

> 誰よりも愛してる。

とても有名なフレーズ。直訳は「天ほどに、地ほどに、愛してる」です。異性だけでなく、我が子などに対しても使うことができます。「우주만큼 ウジュマンクム（宇宙ほどに）」を入れて使うのが流行したこともあります。

デート

36 너무 보고 싶었어.
ノ ム ボ ゴ シ ボッソ

> すごく会いたかった。

韓国人は「会いたかった」という気持ちをストレートにこう伝えます。言われたら、「나도 보고 싶었어. ナド ポゴ シボッソ (私も会いたかった)」と答えるといいでしょう。

37 급하게 나오느라 제대로 꾸미지도 못했어.
ク パ ゲ ナ オ ヌ ラ チェ デ ロ ックミ ジ ド モ テッソ

> 急いで出てきたから化粧も服もこんな感じになっちゃった。

直訳は「急いで出てきたからきちんと着飾ってもこられなかった」。「もっときれいになれる」と主張するような意味合いもあります。ちゃめっけたっぷりに言いましょう。関連「대충 입었어. テチュン イボッソ (適当な服着てきちゃった)」

38 손 잡아도 돼?
ソン チャ パ ド トゥェ

> 手をつないでもいい？

女性から言えば、きっと愛らしいと思われるでしょう。丁寧語は「손 잡아도 돼요？ ソン チャパド トゥェヨ (手をつないでもいいですか？)」。「손 잡고 걷자. ソン チャプコ コッチャ (手をつないで歩こう)」とも言えます。

39 키스해 줘. ／ 뽀뽀해 줘.
キ ス ヘ ジュォ ッポ ッポ ヘ ジュォ

> キスして。

まじめな表情で言っても、冗談のように言ってもOK。いろいろなシーンで使うことのできるフレーズです。「뽀뽀 ッポッポ」は日本語の「チュー」のような言葉です。関連「키스하자. ／뽀뽀하자. キスハジャ／ッポッポハジャ (キスしよう)」

40 제 남자 친구예요.

チェ ナム ジャ チン グ エ ヨ

私の彼氏です。

彼氏と一緒にいるときに「誰ですか？」と聞かれ、それに答えるときのフレーズ。パンマルは「내 남자 친구야. ネ ナムジャ チングヤ（私の彼氏だよ）」。ただの友達の場合は「그냥 친구야. クニャン チングヤ（ただの友達だよ）」と言います。

41 오늘도 즐거웠어요.

オ ヌル ド チュル ゴ ウォ ッソ ヨ

今日も楽しかったです。

デートを終え、別れるときのフレーズです。帰宅してからの電話やメールで使ってもいいでしょう。パンマルは「오늘도 즐거웠어. オヌルド チュルゴウォッソ（今日も楽しかった）」。もちろん、友達や知り合いにも使えます。

42 다음엔 언제 만날까요?

タ ウ メン オン ジェ マン ナル ッカ ヨ

次はいつ会いましょうか？

「また会いたい」そんなときはためらわず、こう言ってみましょう。それよりやや控えめな表現として、「다음에도 만날 수 있어요? タウメド マンナル ス イッソ ヨ（次も会えますか？）」もあります。

43 잘 자~. 내 꿈 꿔~.

チャル ジャー ネ ックムックォー

おやすみ～。私の夢見て～。

就寝前の電話やメールで使えるフレーズです。友達にも使えます。[関連]「좋은 꿈 꾸세요. チョウン ックム ックセヨ（いい夢見てください）」「좋은 꿈 꿔. チョウン ックム ックォ（いい夢見てね）」

結婚

44 결혼해 주세요.
キョ ロ ネ　ジュ セ ヨ

結婚してください。

プロポーズのフレーズです。日本と同様、男性側から言うことが多いでしょう。
関連「우리 결혼할까요？ ウリ キョロナルッカヨ（私たち結婚しましょうか？）」
「결혼하자. キョロナジャ（結婚しよう）」

45 저희 잘 살게요.
チョ ヒ　チャル サル ケ ヨ

私たち幸せに暮らします。

このようなカップルには「행복해～. ヘンボケー（幸せにね）」と言ったり、「영원히
행복하길. ヨンウォニ ヘンボカギル（末永くお幸せに）」と書いたりします。関連「우
리 행복하게 살아요. ウリ ヘンボカゲ サラヨ（私たち幸せになりましょう）」

46 이혼할까 생각 중이에요.
イ ホ ナルッカ　センガク チュン イ エ ヨ

離婚しようかと思ってます。

もともと、バツイチのことは「이혼남〈녀〉 イホンナム〈ニョ〉（離婚男〈女〉）」と言っ
ていましたが、「돌싱남〈녀〉 トルシンナム〈ニョ〉」という流行語も登場しました。「돌
싱」は「돌아온 싱글 トラオン シングル（帰ってきたシングル）」の略語です。

 column

「韓国の結婚式文化」

韓国の一般的な結婚式は日本と違うところが多いです。まず、結婚式場に入る前に
控え室にいる花嫁に会って一緒に写真を撮ることができます。結婚式全体の司会は
新郎の友達が担当し、新郎新婦に宗教的なこだわりがない限り、「주례 チュレ」と
呼ばれる司式者は新郎新婦の先生や会社の上司など二人を知っている人物が務める
のが一般的です。結婚式は全部で１時間以内で終了し、食事会場は別で食券をもらっ
て食事をしに行きます。新婚旅行は、結婚式が終わった後すぐに出発することが多
いです。

47 맘에 안 들면 말을 해!

<ruby>맘<rt>マ</rt></ruby><ruby>에<rt>メ</rt></ruby> <ruby>안<rt>アン</rt></ruby> <ruby>들면<rt>ドゥルミョン</rt></ruby> <ruby>말을<rt>マ ルル</rt></ruby> <ruby>해<rt>ヘ</rt></ruby>!

気に入らないならはっきり言って！

恋人や友人がはっきりものを言わず不満げな様子のとき、また、何だか自分に対してイライラしているようだ、そんなときに使えるフレーズです。[関連]「하고 싶은 말이 뭐예요? ハゴ シブン マリ ムォエヨ（何が言いたいんですか？）」

48 분위기 파악 좀 해.

<ruby>분위기<rt>プ ヌィ ギ</rt></ruby> <ruby>파악<rt>パ アク</rt></ruby> <ruby>좀<rt>チョ</rt></ruby> <ruby>해<rt>メ</rt></ruby>.

ちょっと空気を読んでよ。

直訳は「雰囲気の把握をちょっとしてよ」。「왜 이렇게 눈치가 없어? ウェ イロケ ヌンチガ オプソ（どうしてこんなに空気が読めないの？）」も同様の表現です。「눈치가 없다 ヌンチガ オプタ」は気持ちを察することができないことを指します。

49 내가 언제 그랬어?

<ruby>내가<rt>ネ ガ</rt></ruby> <ruby>언제<rt>オンジェ</rt></ruby> <ruby>그랬어<rt>ク レッソ</rt></ruby>?

私がいつそう言った？

「そんなことは言っていない」「言ったつもりでない」ということを表現するときに、反語的に用いるフレーズです。[関連]「그런 말 안 했어. クロン マ ラ ネッソ（そんなこと言ってないよ）」

50 입장을 바꿔서 생각해 봐.

<ruby>입장을<rt>イプチャンウル</rt></ruby> <ruby>바꿔서<rt>パックォ ソ</rt></ruby> <ruby>생각해<rt>センガケ</rt></ruby> <ruby>봐<rt>ブァ</rt></ruby>.

私の立場にもなってよ。

直訳は「立場を変えて考えてみて」。怒っているときだけでなく、相手に理解してほしいときや、説得したいときにも使えるフレーズです。[関連]「내 입장도 생각해 봐. ネ イプチャンド センガケ ブァ（私の立場も考えてみてよ）」

51 절교야.

> もう絶交。

友達同士で使い、恋人同士では使いません。冗談で使うこともあります。最近は投資用語「손절 ソンジョル（損切り）」を使い、「손절했어. ソンジョレッソ（縁切った）」と言ったりもします。こちらは人間関係全般に使えます。

52 이제 그만 화해하자.

> そろそろ仲直りしよう。

仲直りしようと先に言い出すときに使うフレーズです。関連「이제 그만 화해해요. イジェ クマン ファヘヘヨ（そろそろ仲直りしましょう）」「이제 그만 화 풀어. イジェ クマン ファ プロ（もういいかげん、怒るのやめてよ）」

53 제가 심했어요. 미안해요.

> 言いすぎました。ごめんなさい。

「심하다 シマダ」は「ひどい、度がすぎる」という意味です。パンマルは「내가 심했어. 미안해. ネガ シメッソ ミアネ（言いすぎた。ごめん）」。関連「말이 심하네요. マリ シマネヨ（言うこときついですね）」

54 아니에요, 저도 나빴어요.

> いいえ、私も悪かったです。

相手に謝られ、自分にも反省点があると思ったらこう答えましょう。相手ではなく、自分が悪いと思ったときは「제가 나빴어요. チェガ ナッパッソヨ（私が悪かったです）」と言います。

浮気・破局

55 질투해?

やいているの？

相手が嫉妬していると思ったら、少し冗談めかして言ってみましょう。丁寧語は「질투해요？ チルトゥヘヨ（やいているんですか？）」。「삐쳤어？ ッピチョッソ（すねてるの？）」は、嫉妬などで怒ってしまった人などに対して使えます。

56 그 사람하고 무슨 관계예요?

あの人とはどういう関係ですか？

恋人や友人と一緒にいた人との関係が知りたいときは、こう言ってみましょう。パンマルは「그 사람하고 무슨 관계야？ ク サラマゴ ムスン クァンゲヤ（あの人とはどんな関係？）」です。[関連]「수상해……　スサンヘ（怪しい……）」

57 바람피우고 있지?

浮気してるでしょう。

「바람피우다 バラムピウダ」は「浮気をする」という意味です。[関連]「여자 생겼죠？ ヨジャ センギョッチョ（女ができたでしょう）」「이 바람둥이! イ バラムドゥンイ（この浮気者！）」

58 휴대폰 다 봤거든!

携帯を見たんだから！

浮気に気づき問いただしたのに、しらを切られたときなどに使えるフレーズです。もちろん他人の携帯を見ることはよくないですが、「恋人のものは自分のもの」と考えがちな韓国では少なからず起こるというのも事実です。

160 　恋愛・交際

59 가지고 논 거야?
カジ ゴ ノン ゴ ヤ

> 遊びだったの？

直訳は「持ったまま（キープしたまま）遊んだの？」。こちらは真剣だったのに、あちらはどうも違ったようだ……、そんなときのフレーズです。丁寧語は「가지고 논 거예요? カジゴ ノン ゴエヨ（遊びだったんですか？）」。

60 책임져요.
チェ ギム ジョ ヨ

> 責任とってください。

真剣な場面はもちろん、冗談としても使えます。よくないことで、「これは全部あなたの責任」という意味も、「（好きだから）私のこと責任持って」という意味もあります。
関連「내 인생 책임져. ネ インセン チェギムジョ（私の人生責任とって）」

61 너 진짜 나쁜 놈이다.
ノ チンッチャ ナップン ノ ミ ダ

> あなた最低だね。

「나쁜 놈 ナップン ノム」は「悪いやつ」という意味。浮気したりうそをついたりする男性に対して使います。恋人にかぎらず使えますが、「놈 ノム（やつ）」という言葉自体があまりよくない響きを持っているので、使い方には気をつけましょう。

62 너하곤 끝이야.
ノ ハ ゴン ック チ ャ

> あなたとはおしまいよ。

別れを示唆するフレーズ。丁寧語は「당신하곤 끝이에요. タンシナゴン ックチエヨ（あなたとはおしまいです）」。別れを告げる言葉としては、「헤어져. ヘオジョ（別れよう）」「끝내. ックンネ（終わりにしよう）」などもあります。

まとめ会話

友達との待ち合わせや恋の話などをする際のフレーズをおさらいしましょう。デートでのロマンチックな会話もできるようになりましょう。

scene **1** ♪ 6-17　友達から電話が掛かってきて、会わないかと誘われました。待ち合わせをします。

チグム　ムォ　ヘ　ヨ
지금 뭐 해요?
いま何してますか？

チ　ベ　イッソ　ヨ
집에 있어요.
家にいます。

シム シ マン デ　マンナルレ レ　ヨ
심심한데 만날래요?
暇だから会いませんか？

チョア ヨ　ハンジャネ ヨ
좋아요. 한잔해요.
いいですよ。一杯飲みましょう。

オ ディ エ ソ　マンナルッカ ヨ
어디에서 만날까요?
どこで待ち合わせしましょうか？

セ　シ　エ　カンナムニョク ユクポン チュルグ エ ソ　マンナ ヨ
3시에 강남역 6번 출구에서 만나요.
3時に江南駅の6番出口で待ち合わせしましょう。

scene **2** ♪ 6-18　友達に会ったら、好きな人ができたことがわかったようです。

サル　ッパジョッチョ
살 빠졌죠?

痩せましたよね。

ア　ニ　ヨ　　ウェ ヨ
아니요. 왜요?

いいえ。どうしてですか？

ク オット イェップネ ヨ　ホクシ チョア ハ ヌン　サ ラム センギョッソ ヨ
그 옷도 예쁘네요. 혹시 좋아하는 사람 생겼어요?

その服もかわいいですね。もしかして好きな人できましたか？

ネ　サ シルン チョア ハ ヌン　サ ラ ミ　イッソ ヨ
네. 사실은 좋아하는 사람이 있어요.
ッチャクサ ラン ジュンイ エ ヨ
짝사랑 중이에요.

はい。実は好きな人がいます。片思いしています。

ク レ ヨ　　ク サ ラム オディ ガ チョア ヨ
그래요? 그 사람 어디가 좋아요?

そうなんですか？　その人のどこが好きですか？

ク ニャン チョン ヌ ネ　パ ネッソ ヨ
그냥 첫눈에 반했어요.
ユ ナ ッシヌン チョア ハ ヌン　サ ラ　ミッソ ヨ
윤아 씨는 좋아하는 사람 있어요?

単に一目惚れしたんです。ユナさんは好きな人いますか？

オプソ ヨ　　チョウン サ ラ ミッスミョン ソ ゲ ヘ　ジュセ ヨ
없어요. 좋은 사람 있으면 소개해 주세요.

いないです。誰かいい人いたら紹介してください。

オットン ス タ イ レ　ナムジャ ガ チョア ヨ
어떤 스타일의 남자가 좋아요?

どんな人がタイプですか？

많이 기다렸어?
マニ キダリョッソ

급하게 나오느라 제대로 꾸미지도 못했어.
クパゲ ナオヌラ チェデロ ックミジド モテッソ

待った？
急いで出てきたから化粧も服もこんな感じになっちゃった。

아니야. 너무 예뻐.
アニヤ ノム イェッポ

いや、すごくかわいいよ。

너무 보고 싶었어.
ノム ポゴ シポッソ

すごく会いたかった。

나도 보고 싶었어. 손 잡아도 돼?
ナド ポゴ シポッソ ソン チャバド トゥェ

俺も会いたかった。手をつないでもいい？

응. 있잖아…… 하늘만큼 땅만큼 사랑해.
ウン イッチャナ ハヌルマンクム ッタンマンクム サラン ヘ

うん。ねぇ…… 誰より愛してる。

나도. 뽀뽀해 줘.
ナド ッポッポ ヘ ジュォ

俺も。チューして。

第7章

「トラブル・相談」で
使えるフレーズ

飲食店でのトラブル

169

拒否・断り

1 관심 없어요.
クァン シ モプ ソ ヨ

　興味ありません。

直訳は「関心ありません」。観光地などで、歩きながら「이거 어떠세요? イゴ オッ
トセヨ（これいかがですか？）」などと声を掛けられることも多いので、興味がな
いときはこのように言いましょう。

2 됐어요.
トゥェッツ ヨ

　結構です。

断るときのフレーズです。「가방 들어 드릴까요? カバン トゥロ ドゥリルッカヨ
（かばんを持ちましょうか？）」などと親切に言われたときの返答には、「괜찮아요.
クェンチャナヨ（大丈夫です）」と言いましょう。

3 그만 좀 하세요.
ク マン ジョ マ セ ヨ

　やめてください。

何回も同じことを言われ、うんざりしたり、腹が立ったりしたときに使うフレーズ
です。パンマルは「그만해. クマネ（やめてよ）」です。しつこい勧誘などには目
を合わせないまま何も答えず、立ち去ってもいいでしょう。

4 끈질기시네요.
ックンジル ギ シ ネ ヨ

　しつこいです。

1や3に続くフレーズとしても使えます。また、初対面なのに「전화번호 좀 알
려 주세요. チョヌァボノ ジョ マルリョ ジュセヨ（電話番号教えてください）」
など、答えたくない質問をしつこく受けたときにも使えます。

返品・交換

5 교환해 주세요.
キョ ファ ネ ジュ セ ヨ

> 交換してください。

レシートや領収証があれば商品の交換ができるでしょう。ただし、市場などでは交換不可のこともあるので購入前に「교환이나 환불 가능해요? キョファニナ ファンブル カヌンヘヨ（交換や払い戻しはできますか？）」と確認しましょう。

6 고장 나 있었어요.
コ ジャン ナ イ ッソッッ ヨ

> 壊れていました。

購入した製品が故障している、ホテルで備品が壊れているというようなときは、すぐに従業員に伝えましょう。「처음부터 고장 나 있었어요. チョウムブト コジャン ナ イッソッソヨ（最初から壊れていました）」も覚えておきましょう。

7 영수증 있어요.
ヨン ス ジュン イ ッ ヨ

> レシートはあります。

払い戻しの際に使います。カードで購入し、カード明細を差し出すときは、カードも必要になります。関連「영수증은 잃어버렸어요. ヨンスジュンウン イロボリョッソヨ（レシートはなくしてしまいました）」

8 취소해 주세요.
チュィ ソ ヘ ジュ セ ヨ

> キャンセルしてください。

キャンセルをするときは、何か特別なキャンセルポリシーがないかを確認しましょう。映画館やエステなどはペナルティーなしでキャンセルできる場合が多いですが、ホテルなどは注意が必要です。

9 저기요. 여기 떡볶이 주문했는데요.
チョ ギ ヨ　ヨ ギ　ットクポッキ　チュ ム ネン ヌン デ ヨ

すみません。こちらトッポッキを注文したんですけど。

注文した料理の中でそれだけが出てこない、注文した料理と違うものが出てきた、そんなときに使います。「떡볶이 ットクポッキ（トッポッキ）」の代わりに注文した料理を入れて使います。参考「복음밥 ボックンバァ（チャーハン）」「비빔밥 ビビンバァ（ビビンバ）」

10 음식이 아직도 안 나왔어요.
ウム シ ギ　ア ジクト　アン　ナ ワッソ ヨ

料理がまだ出てきていません。

注文した料理がなかなか出てこないときなどに使います。関連「음식 아직이에요？ ウムシ ガジギエヨ（食べもの、まだですか？）」「왜 저희는 안 나와요？ ウェ チョイヌン アン ナワヨ（どうして私たちには出てこないのですか？）」

11 여기 이상한 게 들어 있는데요.
ヨ ギ　イ サンハン　ゲ　トゥ ロ　イン ヌン デ ヨ

何か変なものが入ってるんですけど。

このようなときはしっかり伝えましょう。店員と確認したあと、「다시 해 주세요. タシ ヘ ジュセヨ（もう一度作ってください）」「주문 취소해 주세요. チュムン チュィソヘ ジュセヨ（注文を取り消してください）」など堂々と要求しましょう。

12 앗! 뜨거! 데었어요.
アッ！ ットゥ ゴ！　テ オッソ ヨ

あっ！ 熱い！ やけどしました。

韓国料理は「냄비 ネムビ（鍋）」や「뚝배기 ットゥクベギ（土鍋）」など、熱い器で出てくる場合が多いです。出されたときや食べている最中など、思わず触ってしまうことも珍しくありません。舌をやけどしてしまうこともあるので、注意しましょう。

13 옆방이 너무 시끄러워요.
ヨッ バン イ ノ ム シック ロ ウォ ヨ

隣の部屋がすごくうるさいです。

「여기 708호인데요. ヨギ チルベクパロインデヨ (こちらは708号なんですが)」と
伝えたあとに言ってもいいです。関連「복도에 떠드는 사람들이 있어요. ポクト
エ ットゥヌン サラムドゥリ イッソヨ (廊下で騒いでいる人がいます)」

14 욕실 물이 안 잠겨요.
ヨク シル ム リ アン ジャム ギョ ヨ

お風呂の水が止まりません。

「여기 물이 계속 새요. ヨギ ムリ ケソッ セヨ (ここ、水がずっと漏れています)」
とも言えます。また、「잠기다 チャムギダ」には「(鍵が) かかる」という意味もあり、「문
이 잠겼어요. ムニ チャムギョッソヨ (ドアがロックされました)」のように使います。

15 불이 안 켜져요.
ブ リ アン キョ ジョ ヨ

電気(明かり)がつきません。

「불 プル (明かり)」を「텔레비전 テルレビジョン (テレビ)」などに置き換えて
使うこともできます。エアコンがうまく作動しないときにも「에어컨이 안 켜져요.
エオコニ アン キョジョヨ (エアコンがつきません)」と言います。

16 방 바꿀 수 없나요?
バン バックル ス オム ナ ヨ

部屋を替えてくれませんか?

「방 변경 가능해요? バン ピョンギョン カヌンヘヨ (部屋の変更は可能です
か?)」「방을 바꾸고 싶은데요. パヌル パックゴ シプンデヨ (部屋を替えたい
のですが)」などのフレーズも使えます。

17 안내 책자에 나온 것과 다르네요.
<small>アン ネ チェクチャ エ ナ オン ゴッ クァ タ ル ネ ヨ</small>

案内冊子に出ているのと違いますよね。

観光関連のパッケージやオプショナルツアーの内容がガイドブックと違っていたり、なかったり、サービスに違いがある場合に使えるフレーズです。関連「처음 얘기와 달라요. チョウム イェギワ タルラヨ（最初の話と違います）」

18 요금이 왜 이렇게 많이 나왔어요?
<small>ヨ グ ミ ウェ イ ロ ケ マ ニ ナ ワッ ソ ヨ</small>

どうしてこんな金額になるのですか？

屋台や食堂で、食べたものと値段が合わないような場合に使うことができます。「명세서 좀 보여 주세요. ミョンセソ ジョム ポヨ ジュセヨ（ちょっと明細を見せててください）」のあとに言ってもいいでしょう。

19 저기요. 그거 제 건데요.
<small>チョ ギ ヨ ク ゴ チェ コン デ ヨ</small>

すみません。それ私のですが。

誰かが自分の荷物に触れている、おかしい、というようなときに使えるフレーズです。大きな声で堂々と言いましょう。関連「지금 뭐 하시는 거예요? チグム ムォ ハシヌン ゴエヨ（いま何してるんですか？）」

20 여기 가방 없었나요?
<small>ヨ ギ カ バン オプ ソン ナ ヨ</small>

ここにカバンありませんでしたか？

「여기 있던 가방 못 봤어요? ヨギ イットン カバン モッ ブァッソヨ（ここにあったカバン見ませんでしたか？）」とも言えます。参考「봉지 ポンジ（ビニール袋）」「쇼핑백 ショピンベク（ショッピングバッグ）」「제 짐 チェ チム（私の荷物）」

21 좀 도와주세요.

ちょっと助けてください。

緊急時に助けを求めるときと、ちょっと手伝ってほしいというようなときの、両方の状況で使うことができます。関連「좀 도와주시겠어요? チョム トワジュシゲッソヨ（ちょっと助けて〈手伝って〉いただけますか?）」

22 경찰서가 어디예요?

交番はどこですか？

韓国で「交番」は「경찰서 キョンチャルソ（警察署）」「지구대 チグデ[地区隊]（交番）」と言います。参考「역무실 ヨンムシル（駅の事務室）」「유실물 센터 ユシルムル セント（遺失物センター）」「일본 대사관 イルボン テサグァン（日本大使館）」

23 지갑을 잃어버렸는데 들어온 거 있나요?

財布を落としたのですが、届いていませんか？

交番、遺失物センターなどで使えるフレーズです。関連「만약 들어오면 연락 주세요. 부탁드리겠습니다. マニャク トゥロオミョン ヨルラク チュセヨ プタクトゥリゲッスムニダ（もし戻ってきたら連絡をください。よろしくお願いします）」

24 여권이 없어졌어요.

パスポートをなくしました。

「パスポート」は「여권 ヨクォン（旅券）」。日本式に「パスポート」と言うと通じません。また、なくしたときはすぐに日本大使館に連絡をしましょう。困り果てて「どうしよう」というようなつぶやきは、「어떡하지? オットカジ（どうしよう）」です。

25 저 사람 잡아 주세요!
<small>チョ サ ラ ム チャ バ ジュ セ ヨ</small>

あの人捕まえてください！

周囲にこうアピールしつつ、犯人に向かって叫びます。「저 사람이 도둑이에요! チョ サラミ トドゥギエヨ（あの人泥棒です！）」「도둑 잡아라, 도둑! トドゥク チャバラ トドゥク（泥棒捕まえて、泥棒！）」と言ってもいいでしょう。

26 경찰 좀 불러 주세요!
<small>キョンチャル ジョム プル ロ ジュ セ ヨ</small>

警察を呼んでください！

[関連]「구급차 좀 불러 주세요! クグプチャ ジョム プルロ ジュセヨ（救急車を呼んでください！）」「여기 책임자 좀 불러 주세요. ヨギ チェギムジャ ジョム プルロ ジュセヨ（責任者を呼んでください）」

27 까만 옷을 입은 남자가 훔쳐 갔어요.
<small>ッカ マ ン ノ スル イ ブン ナム ジャ ガ フム チョ ガッ ソ ヨ</small>

黒い服の男性に盗られました。

犯人の特徴を警察などに伝えるときのフレーズです。「저쪽으로 도망갔어요. チョッ チョグロ トマンガッソヨ（あっちに逃げました）」「젊은 남자였어요. チョルムン ナムジャヨッソヨ（若い男性でした）」など、できる限りの情報を伝えましょう。

28 한국어 몰라요.
<small>ハン グ ゴ モル ラ ヨ</small>

韓国語がわかりません。

[関連]「일본어 할 수 있는 사람 없어요? イルボノ ハル ス インヌン サラ モプソヨ（日本語を話せる人はいませんか？）」「무슨 말인지 모르겠어요. ムスン マリンジ モルゲッソヨ（何を言っているのか理解できません）」

29 천천히 말해 주세요.
チョンチョニ　マレ　ジュセヨ

ゆっくり話してください。

より丁寧な言い方は「천천히 말씀해 주세요.チョンチョニ マルッスメ ジュセヨ(ゆっくりおっしゃってください)」。「너무 빨라서 잘 못 알아듣겠어요.ノム ッパルラソ チャル モ ダラドゥッケッソヨ(速すぎて聞き取れません)」と言うこともできます。

30 흥분하지 마세요.
フン　ブ　ナ　ジ　　マ　セ　ヨ

落ち着いてください。

怒って興奮している人や、あまりにもうれしいことがあって興奮している人などに使います。似たフレーズとして「진정하세요.チンジョンハセヨ(落ち着いてください)」がありますが、これは慌てている人に対して使うフレーズです。

31 저는 아무것도 몰라요!
チョ　ヌ　　ナ　ム　ゴット　　モ　ル　ラ　ヨ

私は何もしていません！

直訳は「私は何も知りません」。何か事件や事故に巻き込まれたときに使えるフレーズです。関連「아무것도 못 봤어요.アムゴット モッ ブァッソヨ(何も見ていません)」

column

「旅行中に助けが必要なとき」

韓国観光公社が提供しているヘルプサービス「1330観光通訳案内」をご紹介します。観光地についての情報を問い合わせできるほか、観光通訳、苦情申告などもできるサービスで、LINEやカカオトークの友達追加で利用することができます。また、Wi-Fiに接続していれば無料で通話が可能なアプリ「1330 Korea Travel Helpline」もあるので、旅行が決まったら、日本にいる間にあらかじめチェックしておくと便利です。

体調不良を伝える

―――

32 배가 아픈데요.
ペ ガ ア プンデ ヨ

お腹が痛いです。

―――

関連 「너무 피곤해요. ノム ピゴネヨ（とても疲れました）」「열이 좀 있는 것 같아요. ヨリ ジョ ミンヌン ゴッ カタヨ（ちょっと熱があるみたいです）」「좀 쉬고 싶어요. チョム スィゴ シボヨ（少し休みたいです）」

―――

33 몸 상태가 안 좋아졌어요.
モム サン テ ガ アン ジョア ジョッソ ヨ

具合が悪くなりました。

―――

具合が悪くなった人には、「약은 먹었어요? ヤグン モゴッソヨ（薬は飲みましたか？）」「쉬면 좋아질 거예요. スィミョン チョアジル コエヨ（休めばよくなるでしょう）」などと、声を掛けてあげましょう。

―――

34 어제부터 머리가 아파요.
オ ジェ ブ ト モ リ ガ ア パ ヨ

昨日から頭痛がします。

―――

韓国では普通の風邪の症状ならば、薬局で薬を処方してもらうのが一般的です。旅行者でも気軽に利用できます。 参考 「지사제 チサジェ（下痢止め）」「두통약 トゥトンニャク（頭痛薬）」「해열제 ヘヨルチェ（解熱剤）」「감기약 カムギヤク（風邪薬）」

―――

35 병원에 연락해 주세요.
ピョンウォ ネ ヨル ラ ケ ジュ セ ヨ

病院に連絡してもらえますか。

―――

関連 「여기에서 가까운 병원이 어디예요? ヨギエソ カッカウン ピョンウォニ オディエヨ（ここから近い病院はどこですか？）」「구급차 좀 불러 주세요. クグプチャ ジョム プルロ ジュセヨ（救急車を呼んでください）」

―――

36
チョ ギ ヨ　　サ ヨン　パン ボプ　チョ　マル リョ　ジュ セ ヨ
저기요, 사용 방법 좀 알려 주세요.

すみません、使い方を教えてください。

関連「어떻게 사용하는 거예요? オットケ サヨンハヌン ゴエヨ（どうやって使うんですか？）」「이거 일본어 설명서 없나요? イゴ イルボノ ソルミョンソ オムナヨ（これ、日本語の説明書はありませんか？）」

37
イ ロル　ッテ ヌン　オ ッ ト ケ　ヘ ヤ　ヘ ヨ
이럴 때는 어떻게 해야 해요?

こんなときはどうしたらいいのですか？

使用方法を尋ねるときの一般的な聞き方です。使用方法ではなく、自分がどう行動したらいいかわからない、というようなときは「어떻게 〈무엇을〉 할까요? オットケ 〈ムオスル〉 ハルッカヨ（どう〈何を〉しましょうか？）」と言います。

38
シ ガ　　ニ ッ ソ ヨ
시간 있어요?

時間ありますか？

何か話したいことがあるとき、会う約束をしたいときに使います。関連「시간 좀 내 줘요. シガン ジョム ネ ジュォヨ（ちょっと時間ください）」「언제 시간 돼요? オンジェ シガン トゥェヨ（いつ時間ができますか？）」

39
チ グ ム　イ ヤ ギ ハル　ス　イ ッ ソ ヨ
지금 이야기할 수 있어요?

いま話せますか？

忙しそうだけれど話しかけてもいいかなというとき、電話をかけて「いま話ができる？」と聞くときなどに使います。「지금 괜찮아요? チグム クェンチャナヨ（いま大丈夫ですか？）」と言うこともできます。

40 할 얘기가 있는데요.
ハル リェ ギ ガ インヌンデ ヨ

ちょっと相談したいことがあるのですが。

「하고 싶은 말이 있어요. ハゴ シプン マリ イッソヨ (話したいことがあります)」
とも言えます。深刻な顔で言うと、「何だろう」とかまえられてしまうこともあり
ます。

41 왜 그래요?
ウェ グ レ ヨ

どうしたんですか?

直訳は「なぜそうなのですか?」。相手の行動に不可解なことがあるときに使いま
す。[関連]「왜 그래요? 안 좋은 일이라도 있어요? ウェ グレヨ アン ジョウン
ニリラド イッソヨ (どうしたんですか? よくないことでもあったんですか?)」

42 궁금한 게 있는데요.
クン グ マン ゲ インヌンデ ヨ

気になることがあるんですが。

応答としては「네, 말씀해 보세요. ネ マルッスメ ボセヨ (はい、おっしゃって
みてください)」と言うのがよいでしょう。[関連]「좀 물어봐도 돼요? チョム ムロ
ブァド トゥェヨ (ちょっと聞いてもいいですか?)」

43 여기서는 얘기 못 하겠어요.
ヨ ギ ソ ヌン イェ ギ モ タ ゲッソ ヨ

ここでは話せません。

[関連]「여기서는 얘기하기 곤란해요. ヨギソヌン イェギハギ コルラネヨ (ここで
は話すのが難しいです)」「자리를 좀 옮길까요? チャリルル ジョム オムギルッカ
ヨ (ちょっと席を移動しましょうか?)」

弱気・愚痴

♪ 7-12

44 눈앞이 깜깜해요.
ヌ ナ ピ ッカムッカ メ ヨ

お先真っ暗です。

日本語の「お先真っ暗」は絶望的な状況で使いますが、この韓国語は仕事量が多いときや、何か難しいことをしなければならないときなど、日常的にも使います。
関連「막막해요. マンマケヨ（お先真っ暗です）」

45 이젠 한계예요!
イ ジェン ハン ゲ エ ヨ

もう限界です！

つらいこと、大変なことが続いたときなどに使います。関連「포기하고 싶어요. ポギハゴ シポヨ（[直訳] 放棄したいです→やめたいです）」「더 이상은 무리예요. ト イサンウン ムリエヨ（これ以上は無理です）」

46 아～. 더는 못 해!
アー ト ヌン モ テ

あぁ。もうダメ！

ずっと我慢していたけれど、不満がつのり我慢できなくなったときのひとり言として使います。関連「못 참겠어. モッ チャムケッソ（我慢できない）」「못 참아. モッ チャマ（我慢できない）」

47 짜증 나요.
ッチャジュン ナ ヨ

イライラします。

「しゃくにさわってムシャクシャする」という意味で、思い通りにいかないときに使います。怒りを表すときにも使うことができます（➡p.62 57）。関連「짜증 내지 마세요. ッチャジュン ネジ マセヨ（イライラしないでください）」

いたわる

48 괜찮아요?
クェンチャ ナ ヨ

大丈夫ですか？

相手の表情がよくないときや気分が悪そうなときに使います。関連「무슨 일이에요? ムスン ニリエヨ（何事ですか→どうしたんですか？）」「뭔 일 있어요? ムォン ニ リッソヨ（何かありましたか？）」

49 표정이 어둡네요.
ピョジョン イ　オドゥム ネ ヨ

表情が暗いですね。

よくないことでもあったのか、表情が暗いという人に使います。体調が悪そうだというときは、「얼굴색이 안 좋아요. オルグルセギ アン ジョアヨ（顔色がよくありません）」と言います。

50 고민 있을 땐 언제든지 말씀하세요.
コ ミ　ニッスル ッテン オンジェドゥン ジ　マル ッス マ セ ヨ

悩みがあるときはいつでも言ってください。

関連「언제든지 연락하세요. オンジェドゥンジ ヨルラカセヨ（いつでも連絡ください）」「고민하지 마세요. コミナジ マセヨ（悩まないでください）」「힘들 땐 얘기해. ヒムドゥル ッテン イェギヘ（大変なときは話してね）」

51 저한테 얘기해 줘서 고마워요.
チョ アン テ　イェ ギ ヘ　ジュォ ソ　コ マ ウォ ヨ

私に話してくれてありがとうございます。

悩みを打ち明けられたときなどに使えるフレーズです。関連「또 이런 일이 있으면 말해요. ット イロン ニリ イッスミョン マレヨ（またこんなことがあったら話してください）」「제가 잘 이야기해 볼게요. チェガ チャル イヤギヘ ボルケヨ（私がうまく話してみます）」

52 몸조심하세요.
モム ジョ シ マ セ ヨ

体に気をつけてください。

「お大事に」という意味でも使えます。「조심하세요. チョシマセヨ（気をつけてください）」は、「危ないから気をつけて」「気をつけて帰って」など、いろいろなシチュエーションで使えるフレーズです。

53 별일 아니니까 신경 쓰지 마세요.
ピョル リ ア ニ ニ ッカ シンギョン ッス ジ マ セ ヨ

大したことじゃないから気にしないでください。

「무슨 일 있어요? ムスン ニ リッソヨ（何かあったんですか？）」「걱정 있어요? コクチョン イッソヨ（心配事があるんですか？）」などの質問への答えとして使います。関連「아무것도 아니에요. アムゴット アニエヨ（何でもありません）」

54 걱정하지 마세요.
コク チョン ハ ジ マ セ ヨ

心配しないでください。

心配ばかりしている人に、「そんなにおびえないで、負けないで」と励ますようなフレーズとして、「쫄지 마세요. ッチョルジ マセヨ（怖がらないでください→心配しないでください）」も俗語ですがよく使われます。

column

「おすすめの旅行シーズン」

韓国にも、桜が美しい「벚꽃놀이 ポッコンノリ（お花見）」の名所がたくさんあり、3月下旬～4月中旬ごろに見ごろを迎えます。有名なのは、ソウルの「여의도 벚꽃축제 ヨイド ポッコッチュクチェ（汝矣島桜祭り）」、慶南の「진해 군항제 チンヘ クンハンジェ（鎮海軍港祭）」、「경주 벚꽃축제 キョンジュ ポッコッチュクチェ（慶州桜祭り）」、済州の「한림공원 왕벚꽃축제 ハンリムゴンウォン ワンボッコッチュクチェ（翰林公園 王桜祭り）」などです。観光地の情報は、韓国観光公社の公式サイト「VISITKOREA」が参考になります。

叱咤・励まし

55 포기하지 마.
ポ ギ ハ ジ マ

> 諦めないで。

努力をしているのにうまくいかず落ち込んでいるような友達に言うフレーズです。
「지금 포기하면 나중에 후회할 거야. チグム ポギハミョン ナジュンエ フフェハル
コヤ（いま諦めたらあとで後悔するよ）」などとあわせて言いましょう。

56 어떻게든 될 거야.
オ ット ケ ドゥン トゥェル コ ヤ

> きっとなんとかなるよ。

友達が悩みを解決できず、つらい思いをしているときに、励ますフレーズです。
関連「시간이 해결해 줄 거야. シガニ ヘギョレ ジュル コヤ（時間が解決してく
れるよ）」「방법이 있을 거야. パンボビ イッスル コヤ（方法があるよ）」

57 힘내요.
ヒム ネ ヨ

> 頑張ってください。

関連「조금만 더 힘내. チョグンマン ト ヒムネ（もうちょっと元気出して）」
また、落ち込んでいる相手にではなく、試合前や試験前など、単純に「頑張って！」
と言いたいときは「파이팅! パイティン（ファイト！）」と言います。

58 난 항상 네 편이야.
ナ ナンサン ネ ピョ ニ ヤ

> 私はいつでもあんたの味方だよ。

自信をなくしてしまった友達や同僚、また周囲の反対にもかかわらず意志を貫こう
とする人などに使えます。「네 ネ（あんたの、君の、おまえの）」は、会話の中で
は［니 ニ］と発音されることが多いです。

59 덕분에 힘이 나네요.

_{トゥブネ ヒミ ナネヨ}

> おかげさまで元気が出ました。

慰めてくれた友達に感謝するときに使います。 関連 「힘낼게요. ヒムネルケヨ (元気出します)」「더 열심히 해야겠어요. ト ヨルシミ ヘヤゲッソヨ (もっと努力しなくてはなりません)」

60 마음이 좀 가벼워졌어요.

_{マ ウ ミ ジョム カ ビョ ウォ ジョッソ ヨ}

> 気持ちが少し軽くなりました。

友達と話して気持ちが軽くなったときなどに使います。 関連 「좀 편해진 것 같아요. チョム ピョネジン ゴッ カタヨ (少し楽になった気がします)」「들어 줘서 고마워요. トゥロ ジュォソ コマウォヨ (聞いてくれてありがとうございます)」

61 다 네 덕분이야.

_{タ ネ トゥブ ニ ヤ}

> 全部あんたのおかげだよ。

関連 「수미 덕분이야. スミ トゥブニヤ (スミのおかげだよ)」「덕분에 시험에 붙었어요. トゥブネ シホメ ブトッソヨ (おかげさまで試験に受かりました)」「앞으로도 부탁할게. アプロド ブタカルケ (これからもよろしくね)」

62 역시 친구밖에 없네.

_{ヨク シ チン グ バッケ オム ネ}

> やっぱり友達しかいないね。

持つべきものは友、というように、親友への感謝の気持ちを表すフレーズです。 関連 「네가 있어서 행복해. ネガ イッソソ ヘンボケ (あんたがいるから〈私は〉幸せ者だよ)」 参考 「아빠 アッパ (お父さん)」「엄마 オンマ (お母さん)」

第**7**章 「トラブル・相談」で使えるフレーズ

まとめ会話

体調不良や大切な物の紛失など、困ったときのフレーズをおさらいしましょう。また、悩みを打ち明けられたときの励ましの表現などもチェックしましょう。

 scene 1　♪ 7-17　体調が悪いとき、友達が心配して声を掛けてくれました。

オ ディ ア パ ヨ　オルグル セ ギ アン ジョア ヨ
어디 아파요? 얼굴색이 안 좋아요.

どこか具合が悪いんですか？　顔色がよくありません。

オ ジェ ブ ト　モ リ ガ　ジョ マ パ ヨ
어제부터 머리가 좀 아파요.

昨日から頭痛がします。

ヤ グン　モ ゴッソ ヨ
약은 먹었어요?

薬は飲みましたか？

ネ　ヨル ド ジョム インヌン　ゴッ カ タ ヨ
네, 열도 좀 있는 것 같아요.
チョム スィ ゴ　シ ポ ヨ
좀 쉬고 싶어요.

はい、ちょっと熱もあるみたいです。
少し休みたいです。

ク レ ヨ　スィミョン チョ ア ジル　コ エ ヨ
그래요. 쉬면 좋아질 거예요.

そうしましょう。　休めばよくなるでしょう。

ネ　ス ミ　ッシ ド　モムジョ シ マ セ ヨ
네, 수미 씨도 몸조심하세요.

はい、スミさんも体に気をつけてください。

scene **2** ♪ 7-18　落とし物をしてしまい、心当たりのある場所や案内カウンターに行って、尋ねています。

チョ ギ ヨ　　ヨ ギ　チ ガ　ボブソンナ ヨ
저기요. 여기 지갑 없었나요?

すみません。ここに財布ありませんでしたか？

ア ニ ヨ　　オプソンヌン デ ヨ　　ム スン　ニ リ セ ヨ
아니요. 없었는데요. 무슨 일이세요?

いいえ。なかったですけど。どうされましたか？

チ ガ ビ　オ プ ソ ジョッツ ヨ　　オット カ ジ
지갑이 없어졌어요. 어떡하지?

財布を失くしました。どうしよう。

チャジュル ス　イッスル　コ エ ヨ　　ノム　コクチョンハ ジ　マ セ ヨ
찾을 수 있을 거예요. 너무 걱정하지 마세요.
ペ クァジョム　コ ゲク　セント エ　カ ボブ シ ダ
백화점 고객 센터에 가 봅시다.

見つかりますよ。あまり心配しないでください。
百貨店の案内カウンターに行ってみましょう。

（百貨店の案内カウンター）

チ ガ ブル　イ ロ ボリョンヌン デ ヨ　　トゥ ロ オン　ゴ　イン ナ ヨ
지갑을 잃어버렸는데요. 들어온 거 있나요?

財布を落としたのですが、届いていませんか？

チュェソン ハ ジ マン　オム ヌン デ ヨ
죄송하지만 없는데요.

申し訳ありませんが、ございませんね。

マ ニャク トゥ ロ オ ミョン　イ　ボ ノ ロ　ヨル ラ ケ ジュ セ ヨ
만약 들어오면 이 번호로 연락해 주세요.
ブ タクトゥ リ ゲッスム ニ ダ
부탁드리겠습니다.

もし戻ってきたらこの番号に連絡ください。
よろしくお願いします。

scene 3 ♪ 7-19　職場の同僚が仕事の悩みを打ち明けています。

シ ガ　ニッ ヨ
시간 있어요?
時間ありますか？

ネ　ウェ　グ レ ヨ　ピョジョンイ　オ ドゥ ム ネ ヨ
네. 왜 그래요? 표정이 어둡네요.
はい。どうしたんですか？　表情が暗いですね。

イ リ　ノ ム　マ ナ ソ　オ ディ ソ ブ ト　シ ジャ ケ ヤ
일이 너무 많아서 어디서부터 시작해야
ハ ル チ　モ ル ゲッ ソ ヨ
할지 모르겠어요.
仕事が多すぎて、どこから手を付けたらよいのかわかりません。

ヒ ム ネ ヨ　パン ボ ビ　イッ ス ル　コ エ ヨ
힘내요. 방법이 있을 거예요.
頑張ってください。方法があるでしょう。

イ ジェン　ハン ゲ エ ヨ　ト　イ サン ウン　ム リ エ ヨ
이젠 한계예요. 더 이상은 무리예요.
もう限界です。これ以上は無理です。

チ グ ムン　マ ニ　ヒ ムドゥルゲッ チ マン　シ ガ ニ　ヘ ギョ レ
지금은 많이 힘들겠지만 시간이 해결해
ジュ ル　コ エ ヨ　カ チ　ノ リョ ケ　ブァ ヨ
줄 거예요. 같이 노력해 봐요.
いまはすごくつらいだろうけど、時間が解決してくれますよ。
一緒に頑張りましょう。

第8章

「メール・ネット」で
使えるフレーズ

交流を楽しむ

インスタや TikTok
してますか？

<ruby>인<rt>イン</rt></ruby><ruby>스<rt>ス</rt></ruby><ruby>타<rt>タ</rt></ruby><ruby>나<rt>ナ</rt></ruby> <ruby>틱<rt>ティクト</rt></ruby><ruby>톡<rt>ト</rt></ruby><ruby>해<rt>ケ</rt></ruby><ruby>요<rt>ヨ</rt></ruby>？
인스타나 틱톡해요?

相互フォロー
しませんか？

ウリ マッ パ ラルッカ ヨ
우리 맞팔할까요?

ChatGPT、どうやって使いますか？

チェッチ ビティ オ ット ケ ヘ ヨ
챗 GPT 어떻게 해요?

サイトの URL を送って
ください。

サイトゥ ジュソ ジョム ボ ネ ジュセ ヨ
사이트 주소 좀 보내 주세요.

このアプリ、本当におすすめです。
イ オ ブル カンチュ エ ヨ
이 어플 강추예요.

サムネイルだけ見ても
おもしろいですね。
ッソムネ イル マン ブァ ド チェ ミ インネ ヨ
썸네일만 봐도 재미있네요.

ビデオ通話しましょうか？
ヨントンハルッカ ヨ
영통할까요?

いいですよ。
チョ ア ヨ
좋아요.

メールを送ったんですが、届いていますか？

メ イ ル ボ ネンヌン デ チャル カ ッソ ヨ
메일 보냈는데 잘 갔어요?

文字化けしていました。

クルチャ ガ ッケジョッソ ヨ
글자가 깨졌어요.

193

1 어느 사이트에서 봤어요?
オ ヌ サ イ トゥ エ ソ ファッソ ヨ

どのサイトで見たんですか?

相手がどこで情報を得たかを確認したいときに使うフレーズです。[関連]「어느 사이트예요? オ ヌ サイトゥエヨ (どのサイトですか?)」「어디에서 봤어요? オ ディエソ ファッソヨ (どこで見ましたか?)」

2 인터넷에서 봤어요.
イ ン ト ネ セ ソ ファッソ ヨ

ネットで見ました。

韓国ではインターネットで情報収集をする人がとても多いです。「어디에서 들었어요〈봤어요〉? オディエソ トゥロッソヨ〈ファッソヨ〉(どこで聞いたんですか〈見たんですか〉?)」など、来店動機や購入動機を尋ねられたときに使えます。

3 챗GPT 어떻게 해요?
チェッチ ピ ティ オ ット ケ ヘ ヨ

ChatGPT、どうやって使いますか?

SNSで「챗GPT 사용법 チェッチピティ サヨンポプ (ChatGPTの使い方)」「챗GPT 활용법 チェッチピティ ファリョンポプ (ChatGPTの活用法)」という投稿もよく見かけます。

4 인스타 구경 오세요.
イ ン ス タ ク ギョン オ セ ヨ

インスタ見てください。

直訳は「インスタの見物にきてください」。「유튜브 보러 오세요. ユトゥブ ボロ オセヨ (YouTube見にきてください)」[関連]「피드 봤어요. ピドゥ ファッソヨ (投稿見ました)」

5 포스팅했어요.
ポ ス ティン ヘ ッソ ヨ

アップしました。

個人ホームページ、ブログなどに文章や写真をアップしたときに使うフレーズです。「갱신했어요. ケンシネッソヨ（更新しました）」という言葉は、このような状況では使いません。

6 댓글 감사합니다.
テ ックル カム サ ハム ニ ダ

コメントありがとうございます。

自身のブログやフェイスブックにコメントが書かれたとき、返信に書くといいでしょう。「댓글 テックル」は掲示板やブログのコメントを指します。 関連 「팔로우 감사합니다. パルロウ カムサハムニダ（フォローありがとうございます）」

7 공연 후기입니다.
コン ヨン フ ギ イム ニ ダ

公演の感想です。

「후기 フギ」の直訳は「後記」。「사용 후기 サヨン フギ（使用レビュー）」「구매 후기 クメ フギ（購入レビュー）」「여행 후기 ヨヘン フギ（旅行レビュー）」のように、「レビュー」という意味でも使われます。

8 사진, 블로그에 올릴게요.
サ ジン ブル ロ グ エ オルリル ケ ヨ

写真をブログにアップしますね。

「사진, 블로그에 올려도 돼요? サジン ブルログエ オルリョド トゥェヨ（写真をブログにアップしてもいいですか?）」と言うこともできますが、韓国では顔写真などのプライバシーをオープンにする傾向があるので、「アップしますね」でもOKです。

9 　사이트 주소 좀 보내 주세요.
サ イ トゥ　ジュ ソ　ジョム　ボ ネ　ジュ セ ヨ

サイトのURLを送ってください。

得たい情報が載っているサイトのURLを教えてほしいとお願いするようなときに使います。「사이트 주소 좀 알려 주세요. サイトゥ ジュソ ジョ マルリョ ジュセヨ (サイトのURLを教えてください)」とも言えます。

10 　꿀팁 공유해요.
ックルティプ　コン ユ ヘ　ヨ

おすすめの情報、シェアします。

「꿀팁 ックルティプ」は「꿀 ックル (蜂蜜)」+英語の「팁 ティプ (tip)」。ネットやSNSで情報を紹介するときは「공유해요 コンユヘヨ (共有します)」をよく使います。 関連 「링크 공유해요. リンク コンユヘヨ (リンクシェアします)」

11 　요즘 뜨는 밈은?
ヨ ジュム　ットゥ ヌン　ミ ムン

最近、人気のミームは？

「밈 ミム (meme)」はネット上で急速に広がっているおもしろい動画や画像、文章などのことです。「요즘밈 ヨジュムミム (最近のミーム)」「웃긴밈 ウッキンミム (おもしろいミーム)」などのハッシュタグもよく使います。

12 　챌린지 인증샷 올려요.
チェルリン ジ　インジュンシャ　ドゥ リョ ヨ

チャレンジの証拠写真アップします。

何かを頑張っている、努力している証を写真や動画でSNSにアップするときに使います。「인증샷 インジュンシャッ」の直訳は「認証ショット」。 関連 「챌린지 인증해요! チェルリンジ インジュンヘヨ (チャレンジ認証します！)」

13 영통할까요?
ヨン トン ハル ッカ ヨ

ビデオ通話しましょうか？

「영통 ヨントン」は「영상 통화 ヨンサン トンファ（映像通話）」の縮約形。コロナ禍では、アイドルがファンのために「영통팬싸 ヨントンペンッサ（ビデオ通話ファンサイン会）」をよく開きました。

14 영상이 재미있다면 구독 부탁드려요.
ヨン サン イ　　チェ ミ イッ タ ミョン　ク ドク　ブ タク トゥ リョ ヨ

動画がおもしろかったらチャンネル登録お願いします。

「구독, 좋아요, 알림 설정 부탁드려요. クドク チョアヨ アルリム ソルチョン ブトゥリョヨ（チャンネル登録、いいね、通知設定お願いします）」とセットで言ったりもします。

15 썸네일만 봐도 재미있네요.
ツスム ネ イル マン　ブァ ド　　チェ ミ イン ネ ヨ

サムネイルだけ見てもおもしろいですね。

「썸네일 ッソムネイル」はコンテンツのプレビュー画像のことです。実際のコンテンツが期待外れだった場合は、「썸네일에 낚였어. ッソムネイレ ナッキョッソ（サムネイルにつられちゃった）」と言うこともできます。

 column

「韓国のネット用語」

韓国にはハングルを使ったユニークなネット用語がたくさんあります。一部をご紹介しましょう。「ㅋㅋ（クク）」「ㅎㅎ（フフ）」は笑いの表現。「ーー」はドン引きの表情を表しています。「ㅠㅠ」「ㅜㅠ」「ㅜㅜ」は、涙が流れる様子を表し、悲しさを表現します。そのほか、「ㅅㄱ」は「수고 スゴ（お疲れ）」、「ㄳ」は「감사 カムサ（感謝）」、「ㅇㅋ」は「오케이 オケイ（OK）」、「ㅈㅅ」は「죄송 チュェソン（ごめん）」です。

第8章「メール・ネット」で使えるフレーズ

16 인스타나 틱톡해요?
インスタナ ティクトク ケ ヨ

インスタやTikTokしていますか？

答えるときは、「네, 아이디 교환할까요? ネ、アイディ キョファナルッカヨ（はい、ID交換しましょうか？）」「전 보기만 해서요…….チョン ボギマ ネソヨ（私は見るだけなので……。）」などと言うことができます。

17 친구 신청해도 돼요?
チン グ シンチョン ヘ ド トゥェ ヨ

友達申請してもいいですか？

この受け答えは、「물론이죠. ムルロニジョ（もちろんですよ）」がいいでしょう。「친구 신청할게요. チング シンチョンハルケヨ（友達申請しますね）」の場合は、「네, 해 주세요. ネ ヘ ジュセヨ（はい、してください）」と答えます。

18 아이디가 뭐예요?
ア イ ディ ガ ムォ エ ヨ

ユーザー名は何ですか？

直訳は「IDは何ですか？」。「아이디가 어떻게 돼요? アイディガ オットケ トゥェヨ（[直訳] IDはどのようになりますか？→ユーザー名は何ですか？）」と聞いてもいいでしょう。

19 우리 맞팔할까요?
ウ リ マッ パ ラル ッカ ヨ

相互フォローしませんか？

SNSでよく使われる表現です。「맞팔해요. マッパレヨ（相互フォローしましょう）」と言うこともできます。関連「맞팔 부탁드립니다. マッパル プタクトゥリムニダ（相互フォローお願いします）」

20 팔로잉 감사합니다.
バル ロ イン カム サ ハム ニ ダ

(フォローありがとうございます。)

SNSでフォローをしてくれた人に使うフレーズです。自分が誰かをフォローをした直後にフォローし返してくれたときにも使えます。その場合は「맞팔 감사합니다. マッパル カムサハムニダ（相互フォローありがとうございます）」とも言えます。

21 궁금한 건 댓글이나 디엠 주세요.
クン グ マン ゴン テック リ ナ ティ エム チュ セ ヨ

(気になることはコメントやDMをください。)

「댓글 テックル」は「コメント」という意味です。誰かからコメントをもらったら「댓글 감사합니다. テックル カムサハムニダ（コメントありがとうございます）」と返信するといいでしょう。（➡ p. 195 ⑥）

22 퍼갈 때 출처를 꼭 밝혀 주세요.
ボ ガル ッテ チュルチョ ルル ッコク パルキョ ジュ セ ヨ

(リポストするときには出典を必ず明らかにしてください。)

ブログなどでよく見るフレーズです。リポストしたいときは「퍼가도 돼요? ボガド トゥェヨ（リポストしてもいいですか？）」と聞きましょう。関連「불펌 금지 プルポム グムジ（無断転載禁止）」

23 SNS는 저에겐 어려워요.
エスエネス ヌン チョ エ ゲ ノ リョ ウォ ヨ

(SNSは私には難しいです。)

関連「틱톡을 시작했는데 너무 어려워요. ティクトクグル シジャケンヌンデ ノム オリョウォヨ（TikTokを始めたのですが、すごく難しいです）」「방법을 모르겠어요. パンボブル モルゲッソヨ（やり方がわかりません）」

第8章「メール・ネット」で使えるフレーズ

24 제 메일 주소는 이거예요.
チェ　メ イル　チュ ソ ヌン　イ ゴ エ ヨ

私のメールアドレスはこれです。

名刺やメモを渡しながら言うとよいでしょう。名刺を受け取った場合は、「메일은
이쪽으로 보내면 되나요? メイルン イッチョグロ ポネミョン トゥェナヨ（メー
ルはこちらに送ればいいでしょうか？）」と言ったりします。

25 메일 주소 좀 가르쳐 주세요.
メ イル　ジュ ソ　ジョム　カ ル チョ　ジュ セ ヨ

メールアドレスを教えてください。

韓国ではスマートフォンが普及しており、友達同士は「메신저 メシンジョ（メッ
センジャー）」がほとんどです。その際は、「전화번호 좀 알려 주세요. チョヌァ
ボノ ジョ マルリョ ジュセヨ（電話番号を教えてください）」と言います。

26 메일 보낼게요.
メ イル　ボ ネル ケ ヨ

メールを送ります。

携帯電話でメールを送る場合は「문자 보낼게요. ムンチャ ポネルケヨ（〈ショート〉
メールを送ります）」と言います。[関連]「자세한 내용은 메일로 보낼게요. チャセ
ハン ネヨンウン メイルロ ポネルケヨ（詳しい内容はメールで送ります）」

27 메일 주세요.
メ イル　チュ セ ヨ

メールください。

「메일 줘요. メイル ジュオヨ（メールください）」と言ってもいいです。返信を待
つ場合は、「답장 주세요. タプチャン ジュセヨ（返信ください）」「답장 기다릴게
요. タプチャン キダリルケヨ（返信待ってます）」。

28 메일 봤어요?
メ イ ル ブァッソ ヨ

メール見ましたか？

「메일 확인했어요? メイル ファギネッソヨ（メールを確認しましたか？）」とも
言えます。「보낸 메일 읽어 봤어요. ポネン メイル イルゴ ブァッソヨ（送ってく
れたメール読みました）」と答えるといいでしょう。

29 메일 보냈는데 잘 갔어요?
メ イ ル ボ ネン ヌン デ チャル カッソ ヨ

メールを送ったんですが、届いていますか？

送ったメールへの返信がないときに、メールが無事届いたか確認するフレーズです。
「제가 보낸 메일 잘 들어갔나요? チェガ ポネン メイル チャル トゥロガンナヨ
（私が送ったメール、無事届いていますか？）」とも言えます。

30 메일 안 온 것 같은데요.
メ イ ル ア ノン ゴッ カ トゥン デ ヨ

メールは来ていませんが。

「들어온 메일 없는데요. トゥロオン メイル オムヌンデヨ（[直訳] 入ってきたメー
ルはありませんが→メールは来ていませんが）」とも言えます。関連「언제 보내셨
어요? オンジェ ポネショッソヨ（いつ送られましたか？）」

31 스팸 처리됐을지도 모르니 확인해 볼게요.
ス ペム チョ リ ドゥェッスル チ ド モ ル ニ ファ ギ ネ ボルケ ヨ

迷惑メールになってるかもしれないので確認してみます。

直訳は「スパム処理されているかもしれないので確認してみます」。「스팸 메일함
에 있나 확인해 볼게요. スペン メイラメ インナ ファギネ ボルケヨ（スパムメー
ル〈迷惑メール〉フォルダにあるか確認してみます）」と言うこともできます。

32 혹시 주소 잘못 보낸 거 아니에요?

ホクシ チュソ チャルモッ ボネン ゴ アニエヨ

もしかしてアドレス間違ってるんじゃないですか?

相手が送ったというメールが届いていない、アドレスが違っているのではないか、そんなときに使います。[関連]「메일 주소 어디로 보내셨어요? メイル ジュソ オディロ ボネショッソヨ (メールアドレスはどちらに送られましたか?)」

33 어느 메일로 보냈어요?

オ ヌ メ イ ル ロ ボ ネッソ ヨ

どのアドレスに送りましたか?

複数のアドレスを持つ人が、どれに送ったかを相手に確認するときに使います。答えとしては、「네이버 메일로 보냈어요. ネイボ メイルロ ポネッソヨ (ネイバーメールに送りました)」などの表現を使います。

34 그 메일 요즘 확인 안 해요.

ク メ イ ル ヨジュム ファ ギ ナ ネ ヨ

そのアドレスは最近確認しないんです。

[関連]「그 메일은 요즘 안 써요. ク メイルン ヨジュ マン ッソヨ (そのメールは最近使っていないんです)」「그럼, 확인해 볼게요. クロム ファギネ ボルケヨ (では、確認してみます)」

35 사진 나중에 보내 주세요.

サ ジン ナジュン エ ボ ネ ジュ セ ヨ

写真、あとで送ってください。

「사진 サジン (写真)」「자료 チャリョ (資料)」「동영상 トンヨンサン (動画)」「파일 パイル (ファイル)」「음성 파일 ウムソン パイル (音声ファイル)」など、メールを通じて送ることができるファイルならすべて使えるフレーズです。

36 메일에 파일 첨부했어요.

<ruby>メ<rt></rt></ruby> メ イ レ パ イ ル チョンブ ヘ ッソ ヨ

メールにファイルを添付しました。

関連「첨부 파일 확인해 보세요. チョンブ パイル ファギネ ボセヨ (添付ファイルを確認してください)」「파일 첨부합니다. パイル チョンブハムニダ (ファイルを添付します)」

37 첨부 파일이 없는데 확인해 주세요.

チョンブ パ イ リ オムヌンデ ファギネ ジュセヨ

ファイルが添付されてないので確認してください。

「첨부 파일이 없어요. チョンブ パイリ オプソヨ (添付ファイルがありません)」「파일이 첨부돼 있지 않은데요. パイリ チョンブドゥェ イッチ アヌンデヨ (ファイルが添付されていないのですが)」と言うこともできます。

38 파일이 잘못된 것 같아요.

パ イ リ チャル モットゥェン ゴッ カ タ ヨ

ファイルが間違っているみたいです。

「파일을 잘못 보내신 것 같아요. パイルル チャルモッ ポネシン ゴッ カタヨ (ファイルを送り間違えられているようです)」「다른 파일이 왔어요. タルン パイリ ワッソヨ (違うファイルが来ました)」と言うこともできます。

39 파일이 커서 안 가네요.

パ イ リ コ ソ アン ガ ネ ヨ

データが重くて送信できません。

データが重いときは、「압축해서 보낼게요. アプチュケソ ポネルケヨ (圧縮して送ります)」「웹 드라이브에 올릴게요. ウェプ トゥライブエ オルリルケヨ (ドライブにアップします)」と言って対処します。

40 글자가 깨졌어요.
<small>クル チャ ガ ッケ ジョッソ ヨ</small>

文字化けしていました。

直訳は「文字が壊れていました」。「글자가 이상하게 보이는데요. クルチャガ イサンハゲ ポイヌンデヨ（[直訳] 文字がおかしく見えるのですが→文字化けしているようなのですが）」と言うこともできます。

41 메일 보내 줘서 고마워.
<small>メ イル ボ ネ ジュォソ コ マ ウォ</small>

メール送ってくれてありがとう。

丁寧語は「메일 보내 주셔서 감사합니다. メイル ボネ ジュショソ カムサハムニダ（メールを送ってくださりありがとうございます）」です。「메일 감사합니다. メイル カムサハムニダ（メールありがとうございます）」と言ってもいいでしょう。

42 답장 늦어서 죄송해요.
<small>タプ チャン ヌ ジョ ソ チュェソン ヘ ヨ</small>

返信遅れてすみません。

「회신이 늦었어요. フェシニ ヌジョッソヨ（返信が遅くなりました）」と言うこともできます。パンマルは「답장 늦어서 미안. タプチャン ヌジョソ ミアン（返信遅れてごめんね）」。

43 그럼 또 메일 보낼게요.
<small>ク ロム ット メ イル ボ ネルケ ヨ</small>

またメールしますね。

関連「그럼 또 연락할게요. クロム ット ヨルラカルケヨ（では、また連絡します）」「바로 메일 보낼게요. バロ メイル ボネルケヨ（すぐメールします）」「바로 연락할게요. バロ ヨルラカルケヨ（すぐ連絡します）」

44 답장 기다릴게요!

タプチャン キ ダ リル ケ ヨ

返信待ってます！

相手に返信を促す表現です。「회신 부탁드립니다. フェシン プタクトゥリムニダ（返信お願いします）」とも言えます。バンマルは「답장 기다릴게. タプチャン キ ダリルケ（返信待ってるね）」。

45 메일 보시는 대로 답장 주시겠어요?

メ イ ル ボ シ ヌン デ ロ タプチャン ジュ シ ゲ ッソ ヨ

メールをご覧になったらすぐにご返信いただけますか？

「확인하시는 대로 답장 보내 주세요. ファギナシヌン デ ロ タプチャン ポネ ジュセヨ（確認したらすぐに返信をください）」と言うこともできます。バンマルは「답장해 줘. タプチャンヘ ジュォ（返信ちょうだい）」。

46 답장은 안 보내도 돼요.

タプチャンウン アン ボ ネ ド トゥェ ヨ

返事はいりません。

日本人は相手に気を遣い「お返事は気になさらないでください」と言うことがありますが、韓国人の場合は、返信が必要な場合は「返信ください」とはっきり書いてくることが多いので、特に返信要求がない場合は、返信しない傾向があります。

column

「ネット上でよく使われる新造語」

「갓생 カッセン」＝「God＋（人）生」。毎日真面目に計画を立て、人の模範となる生活のこと。

「내또출 ネットチュル」＝「내일 또 출근한다 ネイル ット チュルグナンダ（明日また出勤する）」また明日仕事、と憂うような表現です。

「월루 ウォルル」＝「월급 루팡 ウォルグプ ルパン（給料泥棒）」

「점메추 チョムメチュ」＝「점심 메뉴 추천 ショムシム メニュ チュチョン（ランチメニューお勧め）」

47　이 어플 강추예요.
（イ　オプル　カンチュエヨ）

> このアプリ、本当におすすめです。

「어플 オプル（アプリ）」は「앱 エプ」という言い方もあります。

関連「요즘 뜨는 어플이에요. ヨジュム ットゥヌ ノプリエヨ（最近人気のアプリです）」「그거 무슨 어플이에요? クゴ ムス ノプリエヨ（それ何のアプリですか?）」

48　잠깐만요, 지도 좀 찾아볼게요.
（チャムッカンマン ニョ　チド ジョム チャジャ ボルケ ヨ）

> ちょっと待ってください、マップで調べてみます。

スマートフォンで地図を確認するときのフレーズです。関連「여기 맞을 텐데. 지도 한번 확인해 볼까요? ヨギ マジュル テンデ チド ハンボン ファギネ ボルッカ ヨ（ここで合っているはずなんですけど。一度地図で確認してみましょうか?）」

49　혹시 그거 최신 기종이에요?
（ホク シ　ク ゴ　チュェシン　ギ ジョン イ エ ヨ）

> もしかしてそれ最新機種ですか?

関連「이건 어디 제품이에요? イゴン オディ チェブミエヨ（これはどこの製品ですか?）」「아~! 이게 이번에 새로 나온 모델이죠? アー! イゲ イボネ セロ ナ オン モデリジョ（あー! これ、最近新しく出たモデルですよね?）」

50　배터리가 없어서 꺼질 것 같아요.
（ベ ト リ ガ　オプ ソ ソ　ッコ ジル　コッ　カ タ ヨ）

> バッテリーが少なくてもうすぐ切れそうです。

「배터리가 없어서 끊길 것 같아요. ペトリガ オプソソ ックンキル コッ カタヨ（バッテリーがなくて切れそうです）」も同じ意味です。関連「배터리가 없어요. ペトリガ オプソヨ（バッテリーがありません）」

パソコン・操作

51 파일이 안 열려요.
バ イ リ アン ニョルリョ ヨ

ファイルが開きません。

関連「파일을 볼 수가 없어요. パイルル ポル スガ オプソヨ（ファイルを見ることができません）」「첨부 파일이 실행 안 돼요. チョンブ パイリ シレン アンドゥエヨ（[直訳] 添付ファイルが実行されません→添付ファイルが開きません）」

52 더블클릭을 하세요.
ト ブル クル リ グル ハ セ ヨ

ダブルクリックしてください。

関連「마우스 오른쪽 버튼을 눌러 보세요. マウス オルンッチョク ポトゥヌル ヌルロ ボセヨ（[直訳] マウスの右側ボタンを押してください→右クリックしてください）」「시작 버튼을 누르세요. シジャク ポトゥヌル ヌルセヨ（開始ボタンを押してください）」

53 전 한글 입력할 줄 몰라요.
チョン ハン グ リム ニョ カル チュル モル ラ ヨ

私はハングルの入力の仕方がわかりません。

パソコンでハングルを打つことができない……、そんなときに使います。関連「전 한글 입력 못 해요. チョン ハング リムニョン モ テヨ（私はハングルの入力ができません）」

54 어떻게 입력해야 해요?
オ ッ ト ケ イ ム ニョ ケ ヤ ヘ ヨ

どうやって入力するんですか？

SNSで友達のアカウントを探す際、友達のIDをどうやって入力したらいいのか確認するときなどに使います。「뭐라고 입력하면 돼요? ムォラゴ イムニョカミョン トゥエヨ（何と入力したらいいですか？）」とも言えます。

55 컴퓨터가 다운됐어.

フリーズしちゃった。

韓国では、フリーズした状態（画面は写っているが、動かない）を「ダウンした」と言います。関連「컴퓨터에 문제가 있는 것 같아요. コンピュトエ ムンジェガ インヌン ゴッ カタヨ（パソコンに問題があるみたいです）」

56 컴퓨터가 바이러스에 걸린 것 같아요.

パソコンがウイルスに感染したみたいです。

関連「요즘 컴퓨터가 이상해요. ヨジュム コンピュトガ イサンヘヨ（最近パソコンがおかしいんです）」「최근에 새로 깐 프로그램 있어요? チュェグネ セロ ッカン プログレ ミッソヨ（最近新しくインストールしたソフトがありますか?）」

57 백신 프로그램은 뭐가 좋아요?

ウイルス対策ソフトは何がいいですか?

「백신 ペクシン」は「ワクチン」で、「백신 프로그램 ペクシン プログレム」は、ウイルス対策ソフトのことを指します。韓国で人気のウイルス対策ソフトには、「알약 アルリャク（ALYac）」「V3 ブイスリ（V3）」などがあります。

58 동영상 파일이 안 보여요.

動画ファイルが見られません。

関連「동영상 파일이 안 열려요. トンヨンサン パイリ アン ニョルリョヨ（動画ファイルが開きません）」「소리가 안 나오는데요. ソリガ アン ナオヌンデヨ（音がしないのですが）」「너무 느려요. ノム ヌリョヨ（すごく遅いです）」

59 업데이트하세요.
オプ テ イ トゥ ハ セ ヨ

アップデートしてください。

関連「프로그램을 업데이트하면 잘 될 거예요. プログレムル オプテイトゥハミョン チャル ドゥェル コエヨ (プログラムをアップデートすればうまくいくでしょう)」「업데이트했어요? オプテイトゥヘッソヨ (アップデートしましたか?)」

60 다운 받아 보세요.
タ ウン バ ダ ボ セ ヨ

ダウンロードしてください。

関連「다운 받아서 설치해 보세요. タウン バダソ ソルチヘ ボセヨ (ダウンロードして、インストールしてください)」
「インストールする」の韓国語は「설치하다 ソルチハダ (設置する)」です。

61 강제 종료 시켰어요.
カン ジェ チョンニョ シ キョッソ ヨ

強制終了しました。

強制終了を勧めるときは、「강제 종료 시키세요. カンジェ チョンニョ シキセヨ (強制終了かけてください)」「컴퓨터가 꺼질 때까지 누르고 계세요. コンピュトガ ッコジル ッテッカジ ヌルゴ ケセヨ (電源が切れるまで押してください)」と言います。

62 여기 와이파이 돼요?
ヨ ギ ワ イ パ イ トゥェ ヨ

ここはWi-Fiつながりますか?

このように聞けばパスワードまで教えてくれるでしょう。最近はIDとパスワードをQRコードにしているところも多く、スマホのカメラで読み取るだけでWi-Fiにつなげることができます。

まとめ会話

インターネットやパソコンに関連するフレーズをおさらいしましょう。インターネットや携帯電話を活用すれば、韓国の友達とよりいっそう仲よくなれます。

♪ 8-17 インターネットで耳寄り情報をゲットし、友達と共有します。

チェッチ ピティ　サ ヨンボプ　ックルティプ コン ユ ハルッカ ヨ
챗GPT 사용법 꿀팁 공유할까요?
ChatGPTのおすすめの使い方、シェアしましょうか？

ネ　　オ ディ エ ソ　ファ ッソ ヨ
네. 어디에서 봤어요?
はい。　どこで見ましたか？

ユ トュブ　エ ソ　ファ ッソ ヨ
유튜브에서 봤어요.
YouTubeで見ました。

ユ トュブ ヨ　　チュソ　ジョ　マルリョ　ジュセ ヨ
유튜브요? 주소 좀 알려 주세요.
YouTubeですか？　アドレスをちょっと教えてください。

カ ト グ ロ　チグム　ポ ネッソ ヨ
카톡으로 지금 보냈어요.
カカオトークでいま送りました。

ネ　ファ ギ ネ　ボルケ ヨ　　カム サ ハム ニ ダ
네. 확인해 볼게요. 감사합니다.
はい。確認してみます。ありがとうございます。

| scene 2 | ♪ 8-18 | 友達とインスタグラムやTikTokを通じ、交流しようとしています。 |

チ ヨ ン ッシ　インス タ ナ ティクトク ケ ヨ
지영 씨, 인스타나 틱톡해요?

チヨンさん、インスタかTikTokやってますか?

ネ　チョヌン トゥル ダ ヘ ヨ　スジュキ ッシド ハセ ヨ
네. 저는 둘 다 해요. 스즈키 씨도 하세요?

はい。私は両方やってます。鈴木さんもやってますか?

チョド トゥル ダ ヘ ヨ　ウ リ　マッパ ラ ルッカ ヨ
저도 둘 다 해요. 우리 맞팔할까요?

私も両方やってます。相互フォローしませんか?

チョ ア ヨ　モンジョ チェ ガ　パ ル ロ ウ ハ ル ケ ヨ
좋아요. 먼저 제가 팔로우할게요.
ナジュンエ ア イ ディ　カ ル チョ ジュセ ヨ
나중에 아이디 가르쳐 주세요.

いいですよ。まず私がフォローしますね。
あとでユーザー名を教えてください。

アル ゲッソ ヨ　ク リ ゴ チェ ガ インス タ チング シンチョンハルケ ヨ
알겠어요. 그리고 제가 인스타 친구 신청할게요.

わかりました。それから、私がインスタの友達申請しますね。

ネ　チェ イ ル ム ロ　コ ム セ カミョン トゥエ ヨ
네. 제 이름으로 검색하면 돼요.

はい。私の名前で検索すれば大丈夫です。

チ グム チング シンチョン ヘ ッソ ヨ　ファギ ネ ジュセ ヨ
지금 친구 신청했어요. 확인해 주세요.

いま友達申請しました。確認してください。

ネ　ファ ギ ネ ボ ル ケ ヨ　トゥ ロ ワン ネ ヨ
네. 확인해 볼게요. 들어왔네요.
テックル マ ニ タ ラ ジュセ ヨ
댓글 많이 달아 주세요.

はい、確認してみます。来ましたね。
コメントたくさん書いてください。

コンピューターの調子が悪く、友達に相談してみたところ、
対処法を教えてくれました。

ヨ ジュム コンピュト ガ イ サン ヘ ヨ
요즘 컴퓨터가 이상해요.

最近パソコンがおかしいです。

ウェ ヨ
왜요?

何でですか？

コンピュト ガ カプチャ ギ タ ウンドゥェ ヨ
컴퓨터가 갑자기 다운돼요.
タ ウンドゥェ ソ チャ ゴ パ ドン パ イ リ タ ナ ラ ガッソ ヨ
다운돼서 작업하던 파일이 다 날아갔어요.

パソコンが突然フリーズします。
フリーズして、作業していた資料がぜんぶ消えてしまいました。

チュェグ ネ セ ロ ッカン プ ロ グ レ ミ イッソ ヨ
최근에 새로 깐 프로그램이 있어요?

最近新しくインストールしたソフトはありますか？

ア ニ ヨ オム ヌン デ ヨ
아니요. 없는데요.

いいえ、ありませんけど。

ク レ ヨ コンピュト ガ パ イ ロ ス エ コルリン ゴッ カ タ ヨ
그래요. 컴퓨터가 바이러스에 걸린 것 같아요.

そうですか。パソコンがウイルスに感染したみたいです。

ク ロム オ ット ケ ヘ ヨ
그럼 어떻게 해요?

では、どうすればいいですか？

ベクシン プ ロ グ レ ムル タ ウン パ ダ ソ ソル チ ヘ ボ セ ヨ
백신 프로그램을 다운 받아서 설치해 보세요.

ウイルス対策ソフトをダウンロードして、インストールしてください。

索　引

索引

か・き・く・け・こ・さ

索引 さ・し・す・せ・そ・た・ち・つ・て

む・め・も・や・ゆ・よ・ら・り・る・れ・ろ・わ

●アイケーブリッジ外語学院　著者紹介●

「言葉を知り、文化を知り、人を知る」をモットーに、東京・虎ノ門で韓国語講座を開講。「趣味の韓国語」、「シゴトの韓国語」、「時事韓国語」などのクラスから実践的な通訳や映像翻訳の技術が学べる講座まで、あらゆるレベル、ニーズに応えています。(HP：https://www.ikbridge.co.jp/)

幡野泉

アイケーブリッジ外語学院代表。「All About 韓国語」ガイド。早稲田大学第一文学部ロシア文学専修卒業。延世大学校韓国語学堂6級修了。同韓国語教師研修所第20期修了。著書、『シゴトの韓国語 基礎編』『シゴトの韓国語 応用編』(三修社) など。翻訳書に『無礼な人にNOという44のレッスン』(白水社) がある。

南嘉英 (ナムカヨン)

崇貿大学校工科学部電気工学科卒業。韓国放送通信大学校人文学部日本学科卒業。延世大学校韓国語教師研修所第38期修了。アイケーブリッジ外語学院講師を経て、韓国にて韓国語講師の傍ら、翻訳者としても活躍中。著書『韓国語能力試験 TOPIK 単語集シリーズ（初級、中級、高級）』、『使ってみよう! 韓国語の慣用句・ことわざ・四字熟語』(以上、語研)『世界が広がる 推し活韓国語』(Gakken) など。

柳志英 (リュウジヨン)

アイケーブリッジ外語学院専属講師。韓国東義大学校日語日文学科卒業。2012年よりアイケーブリッジ外語学院韓国語専属講師。延世大学校韓国語教師研修所第26期オンライン韓国語教員養成課程修了。著書『いちばんやさしい韓国語文法ノート 級編』(永岡書店)、『#（ハッシュタグ）で覚える韓国語 単語＆フレーズ集』(池田書店)『世界が広がる 推し活韓国語』(Gakken) など。

本書は2013年に小社より出版した『リアルな日常表現が話せる! 韓国語フレーズブックCD2枚つき』の内容を増補・改訂したものです。

JCOPY ＜出版者著作権管理機構 委託出版物＞

使える！伝わる！役に立つ！　韓国語フレーズブック

2024年5月25日　初版発行

著　者	幡野泉／南嘉英
	柳志英
発行者	富永靖弘
印刷所	公和印刷株式会社

発行所　東京都台東区 株式 **新星出版社**
　　　　台東2丁目24 会社
〒110-0016 ☎03(3831)0743

© Hatano Izumi / Nam Ka-Young / Ryu Ji-Yeong　　Printed in Japan

ISBN978-4-405-01183-0